LA BOÎTE À CULTURE

LE TOUR DU Marketing EN 12 ÉTAPES

Anne-Laure **Frossard** • Pascale **Guceski**

DUNOD

ISBN : 978-2-10-054115-7

Avant-propos

Pourquoi y a-t-il une multitude de produits différents ? Pourquoi les entreprises dépensent-elles beaucoup d'argent pour faire de la publicité ? Pourquoi sommes-nous parfois prêts à payer très cher les produits de certaines marques qui font rêver ?

Vous vous posez ces questions, vous souhaitez comprendre les enjeux des entreprises, de l'économie et de la société d'aujourd'hui : ce livre est fait pour vous. Si vous voulez vous former rapidement au marketing, dans le cadre de vos études ou de votre activité professionnelle, laissez-vous également séduire par cet ouvrage qui vous amènera directement à l'essentiel. ***Le Tour du Marketing en 12 étapes***, rédigé par des experts, offre un voyage au-delà des clichés et des idées reçues, au cœur du marketing tel qu'il est pratiqué dans les entreprises. Au programme :

- **Un panorama complet.** Faites le tour du sujet en parcourant les 12 étapes : partez à la découverte du marketing et de son histoire, apprenez à faire un diagnostic marketing, explorez tous les aspects du marketing stratégique et du marketing opérationnel.
- **De vraies rencontres avec ceux qui font le marketing.** Rencontrez des professionnels, partagez leurs expériences et leur vision du marketing grâce à un itinéraire émaillé d'**avis d'experts** et d'**exemples** issus de l'actualité des marques.
- **Une ouverture sur l'actualité du marketing.** Confrontez les fondamentaux historiques aux développements les plus actuels : centrage sur le client, développement durable, marketing participatif...
- **Une ambiance détendue.** Assimilez facilement les notions clés du marketing, par une lecture agréable et même distrayante : chaque étape est abondamment illustrée et enrichie d'**astuces**, de **pièges à éviter**, de **points pratiques** et de quiz dans la rubrique **À vous de jouer**.

À la fin de l'ouvrage, découvrez plusieurs pages de **Bonus** pour effectuer votre propre étude de marché, comme un vrai marketeur.

Bon voyage et bonne lecture !

Sommaire

I. Découvrir le marketing

« Bien entendu, l'Amérique avait été découverte avant Colomb, mais le secret avait été bien gardé. »
Oscar Wilde

Coiffure
PHA
Banque
café
Brasserie
OPTIQ
Assurance
PIZZA
Coi
LABORATOIRE
LIVRAISON
A DOMICILE
A EMPORTER
&
SUR PLACE
POD
THOR
CONSULTATIONS
Cyber C
FLEURS
PHARMACIE

Étape 1

À quoi sert le marketing ?

Découvrez qu'en toutes choses il y a une part de marketing

L'étape 1 en un clin d'œil

1 Qu'est ce que le marketing ?

Le marketing oriente l'entreprise vers ses clients en lui donnant comme mission principale de satisfaire leurs attentes et leurs besoins. Cette démarche est créatrice de richesse car elle permet d'augmenter le nombre de clients intéressés par les produits et de préserver les marges même dans un contexte très concurrentiel.

Le marketing est la combinaison d'un certain état d'esprit, à l'écoute des clients, avec la mise en œuvre de techniques bien spécifiques (études de marché…).

2 Petite histoire du marketing

Le marketing s'est développé au cours des 60 dernières années, parallèlement à la consommation de masse. Son évolution récente l'amène à une prise en compte de plus en plus individualisée des spécificités de chaque client.

Les grandes tendances du marketing de demain sont l'interactivité croissante entre les marques et les consommateurs, la numérisation de la consommation et le souci de la planète, qui impactera toujours plus la manière de concevoir et de promouvoir les produits et les services.

3 Qui est concerné par le marketing ?

Le marketing s'étend à toutes les activités, celles des entreprises, grandes ou petites, mais aussi celles des associations, des partis politiques, des collectivités territoriales… Vous découvrirez même que vous pratiquez le marketing dans votre vie quotidienne – sans le savoir !

La réflexion marketing est mise en œuvre par des spécialistes au sein des entreprises (les « chefs de produit ») souvent aidés de prestataires extérieurs comme les agences de publicité.

1 Qu'est-ce que le marketing ?

« Ça, ce n'est que du marketing… » On entend souvent cette expression dans le langage courant, pour dire d'un produit, d'un service, d'une offre commerciale, qu'il présente plusieurs caractéristiques superflues et trompeuses destinées à appâter le client, et à lui faire dépenser plus d'argent que nécessaire. L'objectif de ce livre, et plus spécifiquement de cette première étape, est de démontrer le contraire : le marketing a une vraie utilité et apporte une valeur ajoutée au produit, fondée sur la satisfaction du consommateur.

Essayons de donner une définition…

Définir le marketing en quelques mots est difficile : il ne s'agit pas d'une discipline scientifique aux contours bien délimités, mettant en jeu tel ou tel type d'outils ou de connaissances.

La définition qui paraît la plus satisfaisante est celle des auteurs du *Mercator*, la « bible » du marketing en France > Mot-clé.

- Le marketing est un « effort d'adaptation », un processus, un savoir-faire ; en aucun cas une science figée dans un savoir théorique.
- Le marketing concerne des « organisations » qui peuvent être des entreprises… mais pas exclusivement : associations, territoires, personnalités ont aussi leur marketing.
- Le marketing permet de se libérer de la concurrence ; il s'est développé historiquement quand le jeu concurrentiel entre les entreprises s'est intensifié.
- Le marketing doit permettre à l'entreprise d'apporter à son public (clients, donateurs, électeurs…) une réelle valeur : satisfaction ou bénéfice qui incite ce public à préférer cette entreprise à ses concurrents.
- Le marketing est un des moyens pour l'entreprise de créer de la valeur ajoutée, et par là même de pérenniser son activité.

Mot-clé

Le marketing est l'effort d'adaptation des organisations à des marchés concurrentiels, pour influencer en leur faveur le comportement de leurs publics, par une offre dont la valeur perçue est durablement supérieure à celle des concurrents. Dans le secteur marchand, le rôle du marketing est de créer de la valeur économique pour l'entreprise en créant de la valeur pour les clients.

Important

Le marketing crée de la valeur pour l'entreprise et ses clients.

Le marketing oriente l'entreprise vers ses clients

> Même si les départements marketing existent dans les entreprises du secteur automobile depuis longtemps, la culture dominante a longtemps été celle des ingénieurs et de la technologie. Le premier constructeur qui a opéré sa révolution marketing a été Renault, à la fin des années 1980 : en se tournant vers les acheteurs de ses voitures, Renault a pris conscience qu'un de ses clients sur deux était… une cliente, avec des attentes portant en priorité sur le confort, la sécurité, l'habitabilité de la voiture ; plus que sur les performances techniques. Cette nouvelle orientation de Renault vers ses clients l'a amené à développer la Renault Espace. Le constructeur a mesuré l'effet de cette innovation sur ses ventes et sa part de marché pendant plusieurs années !

Cet exemple décrit l'essence même du marketing : se tourner vers ses clients pour mieux adapter l'offre à leurs besoins et à leurs attentes. Cette orientation client, qui peut sembler superflue sur des marchés avec peu de concurrents, devient essentielle quand l'entreprise est dans une situation concurrentielle intense. Le marketing confère à un produit un attrait spécifique pour le consommateur, qui va lui accorder sa préférence, puis au fil du renouvellement des achats, sa fidélité.

> Cet attrait peut être une caractéristique concrète du produit : j'achète ces piles parce qu'elles durent plus longtemps, ce lave-linge parce qu'il est plus silencieux, cette confiture parce qu'elle a un vrai bon goût de fruits… Le bénéfice peut aussi être de nature psychologique : j'achète ce café en capsule parce qu'il me fait accéder à un univers de raffinement et d'élégance…

Important

Malgré son coût pour les entreprises, le marketing présente un vrai intérêt économique car il joue un rôle déterminant sur les ventes et la rentabilité.

Le marketing crée de la richesse

Le marketing coûte cher : il mobilise des salariés, fait appel à des consultants, des instituts d'études du consommateur, des agences de création et de communication ; il oblige à dépenser de grosses sommes en achat d'espace publicitaire… Pourtant le marketing présente un intérêt économique certain.

Le marketing apporte les débouchés nécessaires pour écouler la production

Le produit conçu en réponse aux attentes de clients bien identifiés et quantifiés se vend plus facilement que celui qui est déconnecté de ses clients potentiels.

> Archos est une entreprise française qui fabrique des appareils électroniques (baladeurs, ordinateurs portables…) reconnus par les experts pour la performance et l'inventivité de leur technologie ; pour autant, ces produits ont une part de marché minuscule par rapport au principal concurrent, Apple, dont les Ipod sont moins aboutis technologiquement mais répondent mieux aux attentes des amateurs de musique par leur design et leur ergonomie.

Le marketing permet d'éviter un phénomène destructeur : la guerre des prix

Le consommateur placé face à deux produits peu différents l'un de l'autre a tendance à acheter le moins cher des deux… Le prix est – sauf dans des cas particuliers de stratégie *low cost* – l'argument des marques qui n'ont rien d'autre à dire. La politique de prix bas oblige l'entreprise à réduire ses marges et conduit tout droit à une impasse économique. Grâce à un marketing bien mené, l'entreprise peut vendre plus cher un produit plus spécifique, plus pertinent, donc plus désirable.

> Les marques d'eau en bouteille qui sont parvenues à convaincre le consommateur que la qualité de leur eau offrait un réel bénéfice pour leur santé, leur ligne ou leur bien-être vendent leurs bouteilles jusqu'à deux ou trois fois plus cher que les eaux de source ordinaires.

Le marketing : une affaire d'experts ou de bon sens ?

Pour pratiquer le marketing il n'est pas nécessaire de suivre un long parcours académique et théorique. Le marketeur est comparable à un artisan qui doit maîtriser des outils et des techniques, et surtout se mettre dans une disposition d'esprit favorable à l'écoute du consommateur.

Un état d'esprit

À l'écoute des consommateurs :

Les mères de jeunes enfants reprochent aux petits pots classiques leur côté « industriel ». Nestlé lance en 2008 la gamme NaturNes, conçue à partir d'ingrédients 100 % naturels, sans conservateurs, colorants, arômes artificiels ou encore sel, sucres ou épaississants, avec une cuisson à la vapeur douce qui respecte les qualités organoleptiques des fruits et des légumes…

Ouvert sur la société et ses évolutions :

Face à la préoccupation croissante des sociétés occidentales pour le développement durable et l'écologie, certaines banques proposent des produits financiers de placement (fonds communs, etc.) « éthiques » ou « environnementaux ».

Tourné vers l'avenir, dans une logique d'anticipation :

Les marques préférées des jeunes générations sont celles qui ont su s'approprier leurs moyens de communications : messagerie instantanée, téléphone mobile, réseaux sociaux comme Facebook…

Les jeunes préfèrent les marques qui utilisent les mêmes modes de communication qu'eux.

Des techniques

Le marketeur met en œuvre un ensemble de techniques spécifiques, détaillées au cours de cet ouvrage, qui s'inscrivent dans une démarche générale logique allant de l'analyse à la décision stratégique, puis à la réalisation concrète. Raisonner marketing, comme vous le verrez à l'étape 2, c'est mettre en œuvre un raisonnement rigoureux, appuyé sur des faits précis et des données chiffrées ; mais c'est aussi laisser une place importante à l'intuition, à la sensibilité et à la créativité.

Technique

Sans être en soi une véritable science, le marketing s'appuie sur différentes disciplines :

L'économie : analyse de la consommation et du pouvoir d'achat, mécanisme de l'offre et de la demande…

La sociologie : modes de vie et de consommation, analyse par catégories sociales, systèmes de valeur…

La psychologie : étude des comportements et des attitudes du consommateur (motivations/freins, perception…).

La statistique : sondages, techniques d'analyse de bases de données.

2 Comment on en est arrivé là : petite histoire du marketing

Un développement récent

■ Le marketing n'a pas toujours existé

Le marketing est un fruit de la révolution industrielle. Il s'est développé au fur et à mesure que les process de production et de commercialisation se sont massifiés. Avant l'ère industrielle, la production de biens se fait à petite échelle, par des artisans ou des manufactures ; la commercialisation s'effectue directement du producteur au consommateur, ou avec un petit nombre d'intermédiaires. Les clients sont peu nombreux, chacun est donc connu de manière personnelle. Ses goûts, ses caractéristiques sont mémorisés par l'artisan. Le produit qui lui est destiné est ainsi parfaitement adapté à ses attentes. Cette approche subsiste encore chez certains artisans du secteur du luxe, comme le chausseur Berluti qui conserve les mensurations des pieds de ses principaux clients de souliers sur-mesure.

La massification des outils de production depuis le XIXe siècle, le développement de grosses usines qui fabriquent des produits standardisés et de circuits de distribution proposant un nombre considérable de produits différents a coupé le producteur de son client final : plus de connaissance intime de ses goûts, de ses besoins, de ses attentes ; plus de commentaires sur les derniers produits livrés, permettant de faire évoluer l'offre.

Le développement du marketing au cours des 150 dernières années n'a d'autre vocation que de recréer à grande échelle ce lien, cette connexion entre le producteur et le consommateur.

La petite histoire du marketing

La Ford T, ou le marketing d'avant le marketing !

Le marketing d'avant le marketing : la demande attend l'offre

La révolution industrielle entraîne, dès la seconde moitié du XIXe siècle, l'apparition de produits industrialisés, fabriqués à grande échelle, à des prix accessibles pour une large partie de la population : vêtements, automobiles, téléphones... Malgré l'extension rapide des capacités de production, l'offre reste pendant longtemps insuffisante pour couvrir la demande des consommateurs, avides de s'équiper pour la première fois de ces objets tout neufs et rendant la vie si facile. Les industriels n'ont donc pas besoin de faire beaucoup d'efforts pour les commercialiser. Ils inventent les moyens de se faire connaître : les premières publicités, ou « réclames », sous forme d'affiches ou d'annonces dans les journaux. La demande suit toute seule, malgré l'extrême standardisation des produits : comme le dit l'industriel Henry Ford, « mes clients peuvent choisir la couleur de leur voiture, pourvu qu'elle soit noire ! »

La fonction reine dans les entreprises est à cette époque celle de l'ingénieur, en charge d'inventer de nouveaux procédés de fabrication et d'automatisation. Le marketing n'existe pas encore à proprement parler.

Technique

L'USP *(Unique Selling Proposition)* consiste à associer à chaque produit une caractéristique précise et une seule. L'objectif est de lui assigner une place unique et distinctive dans l'esprit de la ménagère. L'USP fonctionne quand il n'y a qu'un petit nombre de concurrents et que les attentes des consommateurs sont assez homogènes pour être couvertes par une seule promesse : « Moulinex libère la femme ». À l'époque, la pertinence de l'USP auprès des consommateurs est validée par une nouvelle discipline importée en France par l'institut de sondage Sofres, créé en 1963 : les **études de marché**.

L'avènement du marketing de masse : les 30 Glorieuses

Le développement du marketing s'accélère pendant la période des 30 Glorieuses : après les pénuries et les difficultés liées à la guerre, les usines fabriquant des biens de consommation se mettent à tourner à plein régime et l'offre de produits devient assez abondante pour couvrir les besoins d'une population plus demandeuse que jamais. C'est pendant cette période que les ménages français s'équipent massivement en téléviseurs, automobiles, réfrigérateurs, lave-linge, mixeurs... Pour mettre en relation l'offre abondante et la demande insatiable de cette période, il faut inventer de nouveaux moyens de commercialisation : invention du « grand commerce », apparition des premiers hypermarchés... De nouveaux moyens de communication apparaissent pour promouvoir cette offre, les premiers médias de masse (mass-médias) : radio, télévision, presse magazine. Le marketing apparu aux États-Unis, puis développé en Europe par les grandes firmes anglo-saxonnes, a pour rôle d'adapter l'offre à ces nouveaux moyens de distribution et de communication et d'envoyer le produit à la rencontre du consommateur avec une promesse simple, claire et univoque : c'est le règne de l'*Unique Selling Proposition* («promesse commerciale unique»). C'est depuis cette époque que les lessives lavent plus blanc!

Unique Selling Proposition : une promesse claire et universelle

Le marketing à maturité : développement de la segmentation

Les choses se compliquent au moment de la crise économique liée aux chocs pétroliers des années 1970 : l'offre de produits continue à se développer à un rythme soutenu, alors que la demande des consommateurs, déjà bien équipés et soucieux de leur pouvoir d'achat, ralentit.

Cette situation déséquilibrée fragilise les entreprises en les livrant à une concurrence de plus en plus intense. Elles réagissent donc en développant

Nivea a décliné la boîte de crème bleue en une multitude de produits de soin personnalisés

un marketing plus conquérant, plus différenciant... qui n'est plus compatible avec la vision un peu simpliste de l'USP. C'est l'époque où on se met à écouter en profondeur le consommateur, pour distinguer des types de besoins et d'attentes différents, et apporter en réponse les produits appropriés : apparition de la notion de segmentation, détaillée à l'étape 7 de cet ouvrage, et développement de larges gammes de produits.

> La crème Nivea, au départ la fameuse « boîte bleue » qui sert à tout, s'est déclinée en multiples propositions : hydratante, antirides, solaire, pour le corps, pour les enfants, pour les hommes... (voir photo p. 17)

C'est depuis cette époque que le marketing occupe un rôle central pour de nombreuses entreprises : l'enjeu clé n'est plus tant de produire que de trouver les débouchés nécessaires à la production.

■ Le marketing du XXIe siècle : vers l'individualisation

Après le développement du marketing « USP » où les consommateurs sont traités en masse, puis l'apparition de la segmentation, le marketing connaît depuis une quinzaine d'années une nouvelle ère : celle du « 1 to 1 » ou marketing personnalisé. Cette fois l'impulsion vient du secteur des services, qui a développé des outils informatiques d'identification et de fidélisation du client permettant une approche individualisée : les enseignes de la distribution mémorisent les achats de leurs clients grâce aux cartes de fidélité et savent ainsi reconnaître et encourager ceux qui sont les plus fidèles. Cette approche personnalisée répond à une aspiration profonde du consommateur de notre époque « postmoderne » : gavé de produits interchangeables, noyé dans l'anonymat du mode de vie contemporain, de plus en plus informé et critique à l'égard des marques, il ne cherche plus dans la consommation à couvrir des besoins élémentaires depuis longtemps assouvis. Ce qui le motive et sait encore susciter son envie de consommer, c'est le sentiment d'exister, la valorisation de son individualité. Les marques les plus performantes des dernières années sont celles qui ont pu développer ce type d'approche.

> Le distributeur en ligne Amazon sait proposer à ses clients les livres, CD ou films qui sont susceptibles de lui plaire, en se basant sur l'analyse statistique des achats des clients ayant des profils similaires dans la base de données.

Pour Amazon, chaque client est unique

Les entreprises du secteur industriel, qui ont joué un rôle essentiel dans le développement du marketing de masse, ont aujourd'hui du mal à s'adapter à cette nouvelle donne pour laquelle leur système de production taylorisé n'est pas du tout adapté. Elles y parviennent parfois en repensant complètement leur outil industriel. On peut parler dans ce cas de « customisation de masse » ; mais on est encore loin du yaourt ou de la lessive « 1 to 1 » !

> L'entreprise Dell assemble les ordinateurs en fonction des commandes des clients, ce qui permet d'offrir une gamme d'options plus large que pour un produit standard.

Le 1 to 1 est devenu en revanche incontournable dans les stratégies de communication. Les marques délaissent de plus en plus les mass-médias traditionnels pour nouer, via internet, des contacts plus personnalisés avec leurs clients. Vous le découvrirez lors de la présentation des moyens de communication à l'étape 12. Ces stratégies s'inscrivent dans la durée et ont comme objectif de pérenniser le lien entre le client et la marque : les entreprises ont en effet compris que cela coûte plus cher de conquérir de nouveaux clients au détriment des concurrents, que d'investir sur les clients existants pour les satisfaire et les conserver. Ce client si précieux, considéré comme un réel capital, mérite donc une approche la plus individualisée possible, et justifie des efforts importants pour conserver son intérêt, voire son affection pour la marque.

> Carrefour a été un des premiers distributeurs à mettre en place un programme de fidélisation complet, basé sur une carte, qui enregistre les achats du client et propose des offres et des réductions en fonction de son profil. Chaque client peut définir une liste de ses produits préférés pour lesquels il bénéficie de remises permanentes.

Et le marketing de demain ?

Les modes de vie et de consommation évoluent désormais à un rythme rapide et obligent les entreprises à s'adapter et à repenser leur approche marketing en permanence. Il est difficile de recenser et de prévoir toutes les évolutions qui vont marquer les prochaines années. Il est toutefois clair que trois tendances majeures, déjà à l'œuvre dans les comportements de consommation actuels, vont se renforcer.

■ L'interactivité

Le développement de l'approche marketing s'est appuyé sur une vision schématique de la relation entre la marque et le consommateur : la marque envoie des messages, des sollicitations, et le consommateur, passivement, ne réagit qu'à travers son comportement d'achat. Le développement d'internet, l'élévation du niveau d'éducation et le désir d'expression individuelle caractéristique des sociétés contemporaines modifient cette donne : aujourd'hui, le consommateur est actif dans la relation et exige de pouvoir dialoguer avec la marque, exprimer son avis et le voir pris en considération. On parle même d'un consommateur « co-créateur ».

> Les marques conçoivent de nouveaux outils de communication pour répondre à cette attente : sites internet interactifs, blogs, forums ; services consommateurs aux compétences élargies ; appel aux consommateurs pour participer à la conception des produits via des concours, des animations…

Plus fondamentalement, cette tendance impose aux marques une nouvelle posture, plus transparente, voire plus éthique, face à leurs consommateurs : dès lors que celui-ci s'engage dans une relation personnalisée, en confiance, il exige de la marque d'être digne de cette confiance et utilise tous les moyens d'expression dont il dispose s'il s'estime trahi. Le bouche-à-oreille entre consommateurs, véhiculé notamment grâce à internet, peut détruire en quelques heures l'image et la respectabilité d'une marque.

L'immatériel

Le développement de l'ère numérique entraîne un glissement du modèle économique des entreprises industrielles, basé sur la production et l'échange de biens tangibles, vers la dématérialisation. Les produits perdent aujourd'hui une grande part de leur valeur aux yeux d'un consommateur avide d'informations. La possession même de ces biens, autrefois si symbolique aux yeux de l'environnement social, n'est plus en soi une aspiration ; le consommateur recherche désormais un usage, un service rendu au moment où il en a besoin.

> Les fabricants d'automobiles vendent moins de voitures et de plus en plus de contrats de leasing concédant l'usage d'un véhicule avec tous les services de réparation, d'entretien, d'assurance afférents.

Le souci de la planète

Les premières années du XXIe siècle ont été marquées par une prise de conscience massive de l'impact de notre mode de vie sur l'état de la planète Terre, et plus encore sur son évolution.

Le développement durable devient une préoccupation universelle, et, pour certains consommateurs, un critère clé dans leur comportement d'achat.

Les énergies renouvelables : incontournables pour le consommateur de demain

Cette préoccupation est transversale : elle concerne tous les produits, tous les secteurs d'activité (alimentation, énergie, transports, mais aussi équipement de la maison, habillements, loisirs, services...) et porte tant sur les aspects environnementaux (écologie, baisse de la consommation d'énergie...) que sociaux ou économiques.

Dans la sphère marketing, le développement durable, considéré au départ comme une niche pour des produits ciblés, est en train de devenir un critère essentiel autorisant l'existence d'une entreprise et de son offre.

> Les grands groupes agroalimentaires ont observé le développement des produits bio avec une certaine circonspection, laissant ce territoire à des marques de PME ou de distributeurs ; avant d'y investir massivement et récemment : La Laitière Bio, Lu Bio...

3 Qui est concerné par le marketing ?

Discipline relativement récente, le marketing a peu à peu conquis tous les types d'entreprises ou d'organisations et tend à y occuper une place de plus en plus centrale.

Le marketing s'étend à toutes les activités

Le marketing est né dans le secteur économique qui a connu en premier la massification et la standardisation de l'offre : l'industrie des biens de consommation (cosmétiques, détergents, agroalimentaire...) et d'équipement (automobile, électroménager...).

À la fin du XXe siècle il s'est étendu au domaine des services : banques, assurances, grands groupes hôteliers, compagnies aériennes... Le groupe Disneyland Paris, expert du divertissement familial, est réputé pour son marketing ! Les entreprises qui s'adressent aux autres entreprises (B to B, ou *business to business*) s'y sont mises à leur tour : fabricants d'ordinateurs, de machines, de logiciels, agences d'intérim...

La logique qui consiste à placer le destinataire de l'offre de produit ou de service au cœur de la réflexion s'est étendue ensuite en dehors du monde de l'entreprise : dans les organismes publics (transports, administrations), où « l'usager » devient progressivement un « client » ; dans les associations à but non lucratif, qui cherchent à séduire des donateurs ou des adhérents. On parle ainsi aujourd'hui de « marketing politique », avec des candidats qui construisent leur programme comme une marque cherche à répondre aux attentes de ses clients ; de « marketing territorial » destiné à promouvoir l'attractivité d'une ville, d'une région ou d'un pays auprès de touristes ou d'investisseurs ; ou de « marketing culturel » quand un chanteur ou un réalisateur prend en compte les réactions et les goûts du public pour nourrir son inspiration.

Le marketing territorial fait la promotion d'une région, d'un pays ou d'une destination…

Plus largement, toute personne est l'acteur de son propre marketing dans des circonstances aussi variées que la recherche d'un emploi, la mise en vente d'un objet sur un site d'enchères ou l'organisation d'un goûter d'anniversaire pour son enfant : s'interroger sur les attentes ou les envies de son public, mettre en avant l'argument qui y répond le mieux… La démarche présentée dans ce livre est à usages multiples, moyennant quelques adaptations !

Qui « fait » le marketing ?

■ Dans les entreprises

La logique marketing consiste à construire l'offre autour du client, en réponse à ses attentes et à ses besoins. Cette logique mobilise la plupart des activités de l'entreprise : recherche et développement, production, commercial, logistique… Mais elle est orchestrée par le département marketing, dont l'importance se mesure à la place plus ou moins centrale qu'il occupe dans les organigrammes ! Ce service marketing se fait aider par des prestataires externes spécialisés : instituts d'études et de sondages, agences de communication (les fameuses « agences de pub »), agences de packaging, de promotion…

Dans les multinationales, le marketing est piloté de manière centralisée et globale ; mais chaque pays décline la stratégie générale et adapte le produit et le plan marketing aux caractéristiques locales de son marché et de sa clientèle.

> Même la marque Coca Cola, qui donne l'apparence d'être la même dans le monde entier, fait l'objet d'adaptations subtiles. Les puristes savent que leur boisson n'a pas exactement le même goût d'un pays à l'autre. Le groupe fromager Bel adapte ses produits de manière franche pour les ancrer dans la culture de chaque pays : ainsi notre Vache Qui Rit nationale est-elle *The Laughing Cow* aux États-Unis, et *Die Lachende Kuh* en Allemagne !

Les petites entreprises ou les entreprises en création n'ont pas de service marketing, mais la réflexion sur ce sujet ne leur est pas épargnée pour autant.

> Pas un banquier ne prête de l'argent à un entrepreneur sans avoir vu son étude de marché, qui justifie le potentiel économique de l'activité. Découvrez dans le Bonus, à la fin de cet ouvrage, comment réaliser vous-même une étude de marché.

■ Dans les autres types d'organisation

Les associations, partis politiques, collectivités territoriales ou autres acteurs de l'économie et de la société ont rarement un « service marketing ». La réflexion marketing est intégrée à la stratégie générale de la structure. Les aspects concrets sont gérés par un éventuel service « communication » et par des prestataires externes.

Les métiers du marketing

Astuce

Quelles sont les qualités requises pour être un bon marketeur ? Les métiers du marketing combinent du savoir-faire (esprit d'analyse et de synthèse, rigueur, précision) et du savoir être (écoute, empathie, intuition, créativité).

D'après cnam.fr

Les métiers du marketing

Avis d'expert

Isabelle Sarrazin, chef de produit Signal, Unilever France

En quoi consiste le métier de chef de produit ou chef de marque ?

« Pour expliquer mon métier de chef de produit aux gens qui ne sont pas familiers avec le marketing, j'utilise souvent l'image de “chef d'orchestre” : quelqu'un qui donne le rythme, qui donne les impulsions à ses musiciens pour que tous ensemble, ils donnent vie à la mélodie.

Comprendre et répondre aux attentes des consommateurs est au cœur de la fonction du chef de produit, responsable du développement d'une marque ou d'une gamme de produits.

C'est dans cet objectif qu'il va s'entourer de toutes les compétences en interne et en externe : il travaille avec des agences d'études consommateurs. Il est contact avec le service Recherche et Développement, la logistique et les usines de l'entreprise pour le développement et la fabrication du produit. Il définit la politique tarifaire, de distribution et de promotion avec les équipes commerciale et financière. Il développe pour les équipes commerciales les outils d'aide à la vente nécessaires pour valoriser les produits auprès des clients de l'entreprise.

Il suit avec les services financiers les résultats de sa marque ou gamme de produits. Il coordonne les différents prestataires externes comme les agences de communication, de packaging ou de promotion. »

Les métiers du marketing sont par essence polyvalents en raison de cette connexion avec toutes les activités principales de l'entreprise : innovation, production, ventes…

Dans les grandes entreprises les postes sont spécialisés par grandes missions, comme indiqué dans le schéma ci-contre : marketing études, marketing produit, marketing client, marketing distribution ; sous la coordination d'un directeur marketing qui définit les orientations stratégiques.

A vous de jouer !

1. Gabrielle, 25 ans, décide de monter une entreprise d'organisation de mariages. Laquelle de ces phrases est vraie ?

a. Gabrielle n'a pas besoin de faire de marketing car son activité se situe dans le secteur des services.

b. Gabrielle n'a pas besoin de faire de marketing car son entreprise est toute petite.

c. Gabrielle a tout intérêt à intégrer le marketing à son projet : étude de marché, réflexion sur les attentes de ses clients potentiels…

2. Trois amis échangent leurs opinions sur le marketing à l'heure de l'apéritif. Lequel a raison ?

a. Marc : le marketing est secondaire par rapport à la vente ; un bon vendeur peut convaincre un client d'acheter à peu près n'importe quoi.

b. Antoine : le marketing permet de révéler et de satisfaire les besoins latents des clients et d'avoir toujours une longueur d'avance sur la concurrence.

c. Pierre : l'essentiel, c'est la qualité et la performance des produits. Avec de bons ingénieurs une entreprise s'en sortira toujours !

3. La marque Doussima commercialise un savon tout simple, dont la principale qualité est de rendre la peau très douce. Qu'en pensez-vous ?

a. C'est un produit d'autrefois, avec une promesse très générale qui ne prend pas en compte les spécificités des différents consommateurs potentiels.

b. C'est un produit bien d'aujourd'hui car de nos jours, les consommateurs préfèrent les produits pas trop compliqués.

c. C'est un produit d'avenir comme tous les produits qui permettent de prendre soin de soi.

4. Une PME qui vend et installe du matériel home cinéma haut de gamme décide de créer un site internet. D'un point de vue marketing c'est une bonne décision car…

a. Cela lui permet de présenter son catalogue de produits et de services d'une manière moderne et mise à jour en temps réel.

b. Cela permet aux consommateurs d'entrer en contact et de poser facilement leurs questions : l'écoute client est améliorée.

c. C'est plus écologique qu'une brochure imprimée sur papier.

d. Pour toutes ces raisons à la fois !

5. Joséphine, juste diplômée de son école de commerce, vient d'être embauchée comme chef de produit dans une grande firme automobile. Elle est ravie parce qu'elle va…

a. Passer ses journées à essayer des voitures. Elle qui adore la vitesse !

b. Rencontrer très souvent des automobilistes pour dialoguer avec eux. Elle qui adore les rencontres !

c. Inventer de nouveaux modèles de voitures et en fabriquer les prototypes. Elle qui adore dessiner !

Solutions

Question 1 : c. Le marketing concerne tous les secteurs d'activité, tous les types d'entreprises ou d'organisation !

Question 2 : b. La volonté de répondre aux besoins des clients est une des caractéristiques des entreprises performantes… grâce au marketing !

Question 3 : a. Les opinions b et c ne sont pas des généralités ; on peut aussi bien démontrer le contraire.

Question 4 : d, bien sûr !

Question 5 : b. Les réponses a (tests de produits) et c (conception de nouveaux produits) font aussi partie de la mission d'un chef de produit, mais les aspects techniques sont pris en charge par d'autres services.

Étape 2

La démarche marketing

Le marketing, un raisonnement pas à pas

L'étape 2 en un clin d'œil

1 Les trois facettes du raisonnement marketing

La pratique du marketing consiste à combiner trois types d'activités :
– l'analyse de la situation de la marque sur le marché, par rapport à ses consommateurs et ses concurrents ; de manière à mesurer la position de force ou de faiblesse qu'elle occupe ;
– la réflexion stratégique, qui consiste à définir les grandes orientations pour la marque au cours des prochaines années ;
– le marketing opérationnel, qui permet de transformer la stratégie en une série d'actions concrètes que l'on organise en quatre grands thèmes, les fameux « 4P » du marketing mix – Produit, Prix, Distribution et Communication.

2 La démarche marketing pas à pas

Les trois activités qui constituent le marketing (analyser, décider, agir) sont totalement dépendantes les unes des autres et s'enchaînent dans un ordre logique : la démarche marketing. L'analyse permet d'élaborer la stratégie, qui précède la mise en œuvre opérationnelle.
La mesure des résultats des actions engagées nourrit à nouveau l'analyse, car la démarche fonctionne en boucle. La cohérence entre les différentes étapes est essentielle.

1 Les trois facettes du raisonnement marketing

Tout le monde connaît au moins une personne qui « travaille dans le marketing » mais la plupart du temps on est bien incapable d'imaginer à quoi cette personne occupe ses journées ! Le but de cette étape est de présenter les différentes composantes du raisonnement marketing qui seront détaillées tout au long de cet ouvrage.

Ces composantes peuvent être regroupées en trois grands thèmes : analyser, décider, agir.

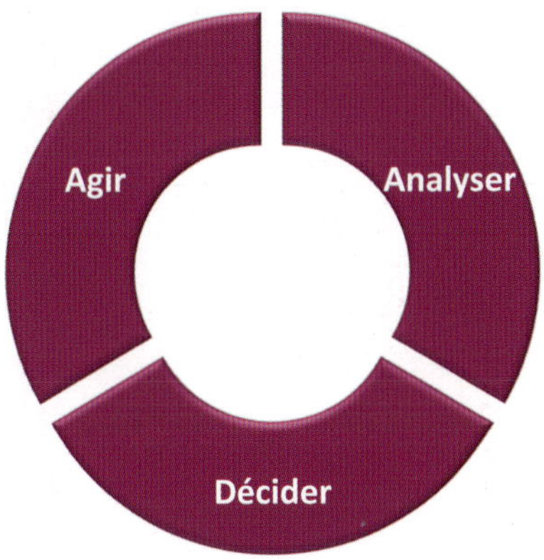

Les trois facettes du raisonnement marketing

Analyser : le diagnostic marketing

Le marketing n'est pas une manière de raisonner abstraite et théorique ; bien au contraire, c'est une pratique solidement ancrée dans la réalité du marché – marché qui est d'ailleurs étymologiquement le lieu physique où s'échangent les marchandises.

Une partie importante du travail du marketeur consiste à « étudier le terrain » : à qui a-t-on affaire en termes de clients et de concurrents ? Quelle est la situation aujourd'hui, comment peut-elle évoluer ? Quels sont les enjeux clés pour mon produit, mon entreprise ? Ces activités sont regroupées sous l'appellation de veille marketing > Mot-clé.

Mot-clé

La veille marketing (ou veille stratégique et concurrentielle, ou intelligence marketing) consiste à rechercher et analyser les informations concernant le marché de l'entreprise, ses concurrents, ses clients… dans le but de nourrir et d'orienter sa stratégie.

La marque de cosmétiques Dove lance en 2004 une grande étude internationale, « La Vérité sur la Beauté », dans le but de comprendre le rapport des femmes à la beauté en général et par rapport à elles-mêmes, et l'impact de ces perceptions sur leur sentiment de bien-être. Les résultats montrent que la majorité des femmes ne se retrouve pas dans la beauté stéréotypée mise en avant par les médias et rêvent qu'on leur en parle autrement, en mettant l'accent sur la personnalité plus que sur des critères purement physiques.
Cette étude est le point de départ pour Dove d'une nouvelle approche du marché des cosmétiques, qui se traduit notamment par la fameuse campagne de communication « pour toutes les beautés » : les films et les affiches montrent des femmes « normales », avec leurs petits défauts mais surtout leur rayonnement et leur charme naturel. La marque s'engage également dans la lutte contre l'anorexie et contre les stéréotypes physiques. Cette stratégie, en rupture totale avec les codes habituels du marché, a un retentissement mondial et les ventes de Dove ont fortement augmenté.

C'est grâce à une analyse approfondie des représentations de la beauté auprès des femmes que Dove a conçu sa nouvelle approche

En pratique

Comment se structure l'analyse marketing ?

L'analyse marketing nécessite de rassembler des informations sur différents sujets :
– Le marché de l'entreprise, sa situation actuelle, son évolution, les facteurs qui l'influencent (étape 3).
– Les différentes forces en présence : les consommateurs, leurs attentes, leurs comportements ; les concurrents ; les distributeurs (étape 4).
– Les atouts et les points faibles de l'entreprise et de la marque, comparés à ceux de ses concurrents (étape 5).
L'analyse détaillée de toutes ces informations permet de formuler un diagnostic et de mettre en évidence la problématique de la marque (étape 5).

Mot-clé

Le marketing stratégique consiste à définir les grandes orientations en termes de marketing pour l'entreprise.

Décider : le marketing stratégique

Concrètement, le marketing stratégique > Mot-clé consiste à déterminer là où on veut aller (l'objectif à atteindre pour l'entreprise, étape 6) et comment on va y aller : quelle cible de clients on veut toucher (étape 7), et avec quelle promesse (étape 8). C'est aussi au niveau stratégique que l'on gère la marque (étape 8).

Dans les années 2002-2003, l'entreprise McDonald's en France voit ses parts de marché décliner et ses ventes reculer. Violemment attaquée sur le thème de la « malbouffe », symbole de l'Amérique et d'une mondialisation triomphante rejetée par de nombreux Français, McDo devient une enseigne à mauvaise réputation que de nombreux consommateurs se vantent de ne plus fréquenter.
McDonald's France met alors en place une nouvelle stratégie dont l'objectif principal est clair : redevenir respectable. L'enseigne souhaite en particulier reconquérir une cible clé, à savoir les mères de familles et les personnes de plus de 35 ans qui sont les plus réticentes. Pour cela l'offre doit évoluer et sortir de l'univers du *fast food* pour développer une image plus positive de « petite restauration ».
Ce virage stratégique se traduit concrètement par une rénovation des restaurants avec un décor plus personnalisé, et l'élargissement de la carte vers des produits plus diététiques et moins typés hamburger (salades, sandwich à la française, fruits...). Il porte ses fruits de manière spectaculaire puisque le chiffre d'affaires de McDo France est passé de 2,3 Mds€ en 2004 à 3,3 Mds€ en 2008, soit une hausse moyenne de plus de 10 % par an ! (*Le Figaro*, 20 janvier 2009)

Les salades, une nouvelle stratégie pour McDo

Agir : le marketing opérationnel

Le marketing opérationnel consiste à traduire la stratégie marketing de l'entreprise en actions concrètes qui constituent le mix marketing > Mot-clé :

- La politique Produit (étape 9) porte sur la création du produit lui-même, ses caractéristiques physiques, son emballage et sa gestion dans le temps (politique de gamme, cycle de vie).
- La politique Prix (étape 10) consiste à fixer les tarifs pour le produit ou le service.
- La politique Distribution (étape 11) détermine où et comment le produit sera commercialisé.
- La politique Communication (étape 12) concerne l'ensemble des dispositifs permettant de promouvoir le produit auprès de sa cible : la publicité proprement dite mais aussi de nombreux autres moyens de communiquer « hors média ».

Mot-clé

Le mix marketing est l'ensemble des actions mises en œuvre pour faire exister de manière concrète un produit et une marque. Il se décompose en quatre facettes : le produit, le prix, la distribution, la communication.

Astuce

Pour désigner le mix marketing on emploie souvent l'expression « les 4 P » qui sont les initiales des quatre facettes du mix en anglais : *Product, Price, Place, Promotion.*

Piège à éviter

Se laisser emporter par les urgences du quotidien, en l'occurrence le marketing opérationnel, manquer de temps et de recul pour l'analyse et la réflexion stratégique.

Depuis le lancement du iPod en 2001, la marque Apple a une stratégie marketing claire : se positionner sur des niches du marché de la *high tech* avec des produits qui plaisent autant ou plus pour leur style, leur facilité d'utilisation, leur universalité, que pour leur performance. L'objectif n'est pas de devenir le leader en volume du marché de l'ordinateur, du MP3 ou du téléphone, mais de créer une communauté d'utilisateurs fidèles et passionnés. La concrétisation de cette stratégie se traduit par un marketing mix spécifique et original :

– Politique Produit : des gammes courtes, avec moins de références que celles des concurrents ; mais des produits irréprochables en termes de design, d'ergonomie, de simplicité d'utilisation, et tous connectables les uns avec les autres. L'offre produit est complétée par une gamme de services numériques (Itunes...) qui renforcent le caractère universel de la marque.

– Politique Prix : des prix élevés, justifiés par le caractère désirable des produits.

– Politique Distribution : rendre le produit accessible, en le plaçant dans un grand nombre de points de vente, mais sans le galvauder : les produits Apple bénéficient d'un espace dédié ou d'une mise en scène spécifique qui les mettent en valeur. Les magasins de la marque (Apple stores et site Apple de vente en ligne) jouent le rôle de vitrine de luxe.

– Politique de Communication : l'objectif est de créer un effet de mode et de renforcer le sentiment d'appartenance des utilisateurs, en ancrant la marque dans l'univers *high tech*. Les moyens de communication privilégiés sont donc les médias numériques (internet en priorité) et le bouche à oreille (buzz marketing). Mais Apple utilise aussi les médias classiques (presse, télévision...) et s'est créé pour cela une identité visuelle à l'image de ses produits : moderne, graphique, dynamique.

2 La démarche marketing pas à pas

Les trois facettes du métier de marketeur que vous venez de découvrir ne sont pas indépendantes les unes des autres ; au contraire, elles s'articulent entre elles dans un processus logique que l'on appelle la **démarche marketing**.

La logique de la démarche marketing

La démarche marketing est une logique de résolution de problème : la première étape consiste à analyser la situation pour poser clairement un diagnostic sur le problème identifié et ses causes ; la deuxième étape consiste à définir les grandes orientations stratégiques qui serviront par la suite de fil directeur ; et la troisième étape à mettre en œuvre la solution de manière concrète, en s'appuyant sur l'axe stratégique défini précédemment.

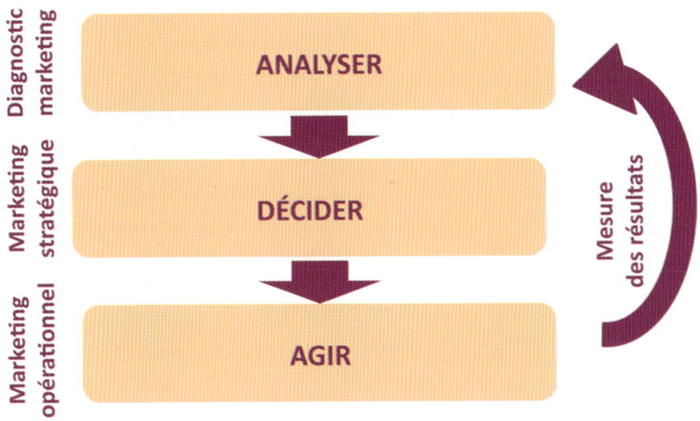

La logique de la démarche marketing

Une démarche d'analyse et de réflexion stratégique avant la mise en œuvre du Vélib' parisien

Le lancement des Vélib' à Paris n'a pas été décidé un beau matin : « Et si on lançait des vélos en libre-service ? » La Mairie de Paris, soucieuse de développer des moyens de transports alternatifs et écologiques, a observé ce qui se fait dans d'autres villes en la matière et écouté les attentes des Parisiens. Les axes stratégiques retenus peuvent se résumer en liberté, convivialité, simplicité. C'est sur cette base que le Vélib' parisien a été mis en œuvre, qu'il s'agisse de l'organisation du service, des caractéristiques techniques des vélos, de la tarification, de la campagne de communication…

Technique

Le plan marketing

Le plan marketing est un document écrit qui fixe, pour chaque ligne de produit, les principaux points de la démarche marketing : analyse et diagnostic réalisés, stratégie décidée et actions à mettre en œuvre. Il détermine les budgets correspondant à ces actions (coûts et recettes) ; le calendrier de mise en œuvre et la manière de mesurer les résultats.

Le plan marketing est validé par la direction générale et doit être en phase avec la stratégie globale de l'entreprise. Au quotidien, c'est un outil de communication entre les différents services, un cadre pour le travail du marketeur.

Le plan marketing fait l'objet d'une révision importante chaque année, il doit être flexible pour s'adapter aux circonstances… sans perdre de vue les grandes orientations stratégiques !

Les trois étapes s'enchaînent de manière chronologique (on ne peut pas définir un plan d'action sans avoir formulé le diagnostic et déterminé les grandes orientations). Elles sont toutefois dans des logiques temporelles différentes : le diagnostic marketing et le marketing stratégique s'inscrivent dans le moyen à long terme, avec une réflexion approfondie tous les trois ans et une mise à jour annuelle. Le marketing opérationnel se gère à court terme, avec un plan annuel et des mises à jour qui peuvent être fréquentes (surtout pour les activités liées à internet).

Une démarche qui fonctionne en boucle : la mesure des résultats

Le diagnostic marketing inclut l'analyse des actions passées et la mesure de leurs résultats : ont-elles atteint les objectifs assignés ? Cette phase d'évaluation est indispensable pour faire évoluer la stratégie et progresser la marque.

> Le monde des médias est habitué à cette logique de contrôle des résultats : une nouvelle maquette, une nouvelle grille de programme est aussitôt validée ou condamnée par l'évolution de l'audience (mesurée quotidiennement pour la télévision).

En pratique

Comment mesurer le résultat de ses actions marketing ?

L'évaluation des actions passées doit se faire sur la base d'indicateurs précis, si possible chiffrés, et qui peuvent être suivis dans le temps. Le marketeur dispose de deux grands types d'indicateurs :

– **Les mesures effectuées en interne :** l'évolution des ventes ou du chiffre d'affaires, le nombre de nouveaux clients, le chiffre d'affaires par client, le taux de résiliation. Certains indicateurs nécessitent un dispositif de mesure spécifique, comme la satisfaction des clients, confiée à un organisme de sondage spécialisé.

– **Les informations disponibles sur le marché :** évolution des parts de marché de l'entreprise, observée grâce aux panels commercialisés par des instituts d'études.

Une règle absolue : la cohérence

Le marketing étant loin d'être une science exacte, il n'y a pas de solution unique à la problématique rencontrée par une marque sur son marché. En revanche, il y a une condition indispensable pour le succès de la politique marketing : la cohérence entre analyse, orientation stratégique et mise en œuvre opérationnelle.

> Le diable se niche dans les détails : les marques de luxe le savent bien, elles qui sont des championnes de la cohérence entre l'image qu'elles souhaitent construire dans l'esprit de leurs clients-cibles, et la moindre de leurs actions. Ainsi, une marque qui souhaite apparaître comme élitiste, inaccessible, sélective, s'associera à des sports comme le golf ou la voile ; et en aucun cas à des manifestations plus populaires comme le Tour de France cycliste, la randonnée ou le judo.

Astuce

Rédiger une « charte marketing », synthétisant les points principaux de la stratégie, pour contrôler que les décisions prises au quotidien, dans le cadre du marketing opérationnel, sont conformes et cohérentes.

A vous de jouer !

1. Delphine a un projet de création d'entreprise dans le domaine de l'alimentation biologique. Elle décide d'aller passer une journée sur un salon de produits bio destiné au grand public.

a. C'est une mauvaise idée car cela ne sert à rien d'imiter ce qui se fait déjà chez d'autres fabricants.

b. C'est une mauvaise idée, gaspiller une journée alors qu'elle a tant de choses à faire !

c. C'est une bonne idée, cela lui permet à la fois de jeter un œil à l'offre existante et d'observer les réactions des clients.

2. Jules monte une agence de voyages spécialisée sur la randonnée. Plusieurs personnes lui ont conseillé de réfléchir à sa stratégie. Il s'interroge :

a. La stratégie, ce n'est pas plutôt pour les grandes entreprises ?

b. La stratégie, ça lui permettrait peut-être de réfléchir aux grandes orientations qu'il souhaite donner à son agence ?

c. La stratégie, c'est clair, c'est la randonnée.

3. Stéphanie vient d'être embauchée comme chef de produit dans une PME qui fabrique de la moutarde. Laquelle de ces tâches ne fait pas partie de sa mission ?

a. Définir le prix pour chaque produit de la gamme de moutarde.

b. Identifier les nouvelles recettes qui viennent enrichir la gamme.

c. Concevoir une campagne de publicité dans les magazines gastronomiques pour promouvoir les produits.

d. Créer un petit présentoir dans lequel les magasins qui distribuent la marque pourront placer les pots de moutarde.

4. Séverine crée de jolis bijoux et décide de monter son entreprise. Quelle est la démarche marketing logique qu'elle doit suivre ?

a. Choisir sa cible, créer son site internet, regarder ce que font les concurrents.

b. Regarder ce que font les concurrents, choisir sa cible, créer son site internet.

c. Regarder ce que font les concurrents, créer son site Internet, choisir sa cible.

5. Jennifer a mis au point un procédé de fabrication unique pour créer des chaussons chauds et confortables. C'est idéal pour les personnes âgées et elle décide d'en faire son cœur de cible. Quelle recommandation feriez-vous pour les photos illustrant son catalogue ?

a. Montrer uniquement des personnes âgées pour être cohérent avec sa cible.

b. Montrer uniquement des jeunes femmes, c'est plus moderne.

c. Montrer des gens de tous les âges, pour que chacun s'y retrouve.

Solutions

Question 1 : c. La veille marketing est très utile dans le cadre d'une création d'entreprise.

Question 2 : b. La spécialisation sur la randonnée est un bon point de départ pour définir sa stratégie, mais il faut affiner : choisir sa cible, définir en quoi l'offre sera différente de celle des concurrents proposant eux aussi des vacances randonnées.

Question 3 : aucune ! Toutes ces tâches font partie de sa mission !

Question 4 : b. L'ordre logique de la démarche marketing : analyser, décider, agir.

Question 5 : a. la cohérence est à privilégier en toutes circonstances.

II. Analyser : le diagnostic marketing

« Au sein d'un environnement instable et turbulent, un seul élément reste constant : le changement. »
le Dalaï Lama

Étape 3

Étudier le marché

Mesurer le potentiel de son activité

L'étape 3 en un clin d'œil

1 Mesurer le marché

Pour mesurer un marché, le préalable indispensable est d'en délimiter le périmètre, en partant du besoin du client comblé par les produits de ce marché ; c'est-à-dire en répondant à la question clé : « à quoi sert mon produit ? »

L'étape suivante consiste à quantifier les ventes des produits qui composent le marché et le nombre de consommateurs.

Pour aller plus loin dans la compréhension du marché, il est également intéressant de détailler les ventes du marché en fonction des caractéristiques physiques des produits étudiés ou selon tout autre critère jugé pertinent.

2 Anticiper l'évolution du marché

Pour prévoir ce que sera le marché dans quelques années, il est nécessaire d'analyser son évolution passée : à long terme (le cycle de vie), à moyen terme (un à trois ans) et à court terme (saisonnalité).

Cette analyse sera complétée par la prise en compte des principaux facteurs d'environnement susceptibles d'influencer le marché de l'entreprise : facteurs d'environnement légal et politique, économique, socioculturel, et technologique.

1 Mesurer le marché

Le préalable à toute réflexion marketing consiste à se situer sur son marché. Avant de détailler (étape 4) les différents acteurs qui animent le marché – consommateurs, concurrents, distributeurs… –, vous allez découvrir ici la notion générale de « marché ». L'analyse d'un marché nécessite une approche rigoureuse et chiffrée… conjuguée à une bonne dose d'intuition !

La définition d'un marché

■ Qu'est ce qu'un marché ?

Dans la pratique marketing quotidienne, étudier un marché > Mot-clé revient à quantifier l'ensemble des transactions générées par la consommation d'un produit ou service.

> Le marché d'un magasin de location de vidéos à Compiègne est l'ensemble des habitants de Compiègne équipés d'un magnétoscope ou d'un lecteur DVD ; qu'ils aient, ou non, l'habitude de louer des films. L'étude de ce marché consiste à analyser les dépenses en location de films effectuées par cette population, chez les autres vidéoclubs de la ville mais aussi en téléchargement ou par correspondance.

Mot-clé

Un **marché**, c'est la rencontre entre une offre et une demande, c'est-à-dire l'ensemble des clients potentiels qui, éprouvant un besoin particulier, vont consommer un produit ou un service en vue de le satisfaire.

■ Comment définir un marché ?

La première étape de l'analyse d'un marché consiste à délimiter son périmètre.

Dans de nombreuses entreprises on a perpétué l'habitude de définir son marché dans une logique industrielle, en prenant en compte les produits qui sont similaires à ceux que l'on fabrique. Mais il suffit de dialoguer cinq minutes avec un consommateur pour se rendre compte que sa perception du marché est bien différente !

Aussi, définir un marché, c'est identifier les produits directement concurrents, mais c'est également repérer les produits substituables qui peuvent satisfaire les mêmes besoins, les mêmes désirs, les mêmes usages et les mêmes occasions de consommation. La démarche consiste à demander aux consommateurs concernés quelles sont pour eux toutes les solutions possibles pour répondre à ce besoin, tous les produits pris en considération au moment d'effectuer un achat.

Important

Un marché se définit à partir des besoins des clients.

Technique

Délimitation d'un marché :
Le marché principal est l'ensemble des produits semblables entrant directement en concurrence les uns par rapport aux autres (par exemple les stylos de luxe).
Les marchés environnants sont l'ensemble des produits différents mais concourant à la satisfaction d'un même besoin (par exemple les marchés des accessoires de luxe).
Le marché générique est constitué de l'ensemble des produits issus du marché principal et des marchés environnants.

Essayez de définir le marché du savon Palmolive. En adoptant une logique industrielle, le marché se définit par « le marché des savons », c'est-à-dire des produits détergents compacts pour laver. En partant de la vision du consommateur, la question qui se pose est « à quoi sert un savon ? » La réponse évidente est « à laver et se laver ». Quel autre produit peut servir à se laver ? Vous avez pensé au gel douche ? Bravo ! La bonne définition du marché du savon Palmolive est « le marché des produits lavants ». Ce marché inclut les savons, les gels douches, les pains dermatologiques…

Essayez maintenant de définir le marché du stylo Montblanc. Avant de lancer « le marché des stylos », posez-vous la question « à quoi sert un stylo Montblanc ? Sert-il seulement à écrire ou à afficher une certaine réussite sociale ? » Pour le savoir, demandez à une amie si, à la place d'un stylo Montblanc, elle préfère un stylo qui écrit bien mais pas cher, ou un petit accessoire de luxe (briquet, foulard…). Elle préfère probablement le petit accessoire de luxe. Êtes-vous maintenant convaincu que le marché du stylo Montblanc est « le marché des petits accessoires de luxe » ?

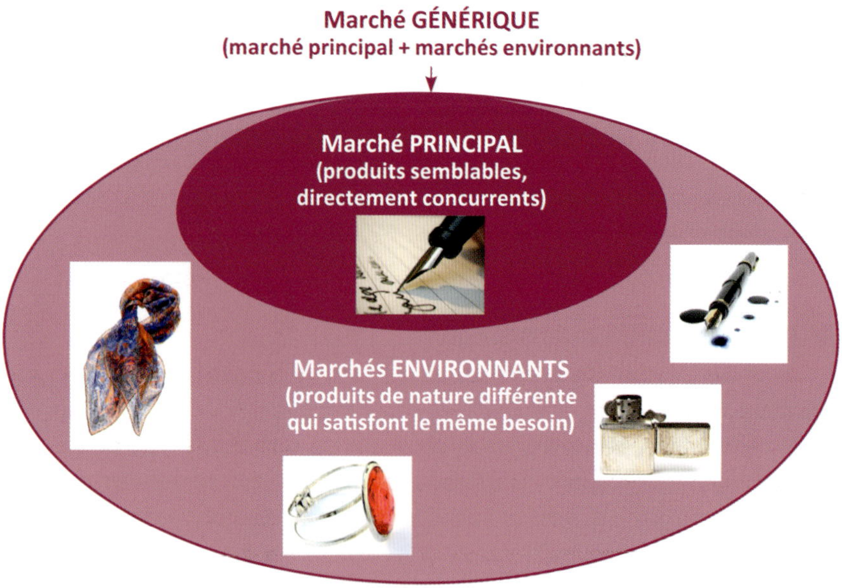

La délimitation d'un marché, exemple du marché des petits accessoires de luxe

La taille d'un marché

■ Comment quantifier les ventes d'un marché ?

Un marché s'évalue en mesurant les ventes des produits concernés, soit en volume, soit en valeur.

Le marché en volume est mesuré en quantités, c'est-à-dire en nombre d'unités de consommation en référence à une période donnée et à un territoire géographique bien délimité.

Il s'est vendu en France 2 268 730 voitures en 2009 : c'est le marché français de l'automobile (Comité des constructeurs français d'automobiles, voitures particulières neuves).

Le marché en valeur est valorisé en unités monétaires, c'est-à-dire en chiffre d'affaires (quantité consommée × prix de vente client), en référence à une période donnée et à un territoire géographique bien délimité.

En 2009, le marché du livre en France a représenté un chiffre d'affaires de 4,2 milliards d'euros (Panel GfK). Le prix moyen d'un livre vendu est de 10,90 euros, et les Français en ont acheté 379 millions.

Piège à éviter

Ne pas confondre le volume de ventes et le volume de production : *en 2008 les constructeurs français ont fabriqué 4 900 579 voitures particulières dans leurs usines du monde entier.*

Comment quantifier les consommateurs d'un marché ?

Compter le nombre d'acheteurs est la méthode la plus simple. Certains marchés ont peu d'acheteurs (marché de la vente de trains à grande vitesse), d'autres en comptent plusieurs millions (marché du transport ferroviaire de passagers).

En France, on estime à 36 millions le nombre de personnes ayant un défaut visuel. Ces personnes constituent donc les nombreux consommateurs du marché des lunettes et lentilles de contact (2007, infolunettes.com).

Calculer le taux de pénétration. Le taux de pénétration est très utile pour les marchés de produits de consommation courante. Il s'agit du ratio « nombre de consommateurs pour un marché donné » / « nombre de consommateurs potentiels total pour ce marché », toujours en référence à une période et à un territoire géographique bien délimité. Lorsque le taux de pénétration est fort (supérieur à 80 %), le marché est saturé, puisqu'au moins 80 % des consommateurs potentiels sont déjà convaincus ! Mais quelle chance si le taux de pénétration du marché est faible (inférieur à 20 %), le marché est alors porteur car il reste plus de 80 % de consommateurs à séduire.

En 2009, 30 % des hommes français ont acheté des produits de soin de la peau (Secodip), c'est un marché encore porteur.

Le parc automobile français, plus de 37 millions de véhicules

■ **Calculer le taux d'équipement** est utile pour les produits à fréquence d'achat moins élevée : il s'agit du ratio « nombre de consommateurs possédant un type d'appareil ou d'équipement donné »/« nombre de consommateurs potentiels total pour ce marché ». Le taux d'équipement se mesure à une date donnée.

> 82 % des Français âgés de 12 ans et plus sont équipés d'un téléphone mobile (Credoc, juin 2009).

■ **Estimer le parc** consiste à comptabiliser le nombre d'appareils possédés par l'ensemble de la population sur le marché.

> Au 1er janvier 2009, le parc automobile en France (c'est-à-dire le nombre de voitures et utilitaires en circulation) était d'un peu plus de 37 millions de véhicules (Comité des constructeurs français d'automobiles).

En pratique

Comment connaître la taille de son marché ?

Les chiffres concernant les marchés proviennent pour la plupart d'instituts spécialisés dans ce type de statistiques, que l'on peut classer en trois grandes familles :
– les organismes publics de statistiques, comme l'Insee ;
– les instituts d'études, comme les panels GfK, Nielsen ;
– les syndicats professionnels regroupant les entreprises d'un secteur d'activité qui financent et publient les statistiques de suivi de leur marché, comme le CIV (Centre d'information des Viandes), structure interprofessionnelle de la filière Viande en France.

Certaines de ces données sont gratuites, d'autres sont payantes. Il s'agit de méthodologie de type sondages, à partir de ventes déclarées par des fabricants ou des distributeurs, ou encore de relevés d'achats effectués par un échantillon représentatif de consommateurs. Aucune méthodologie n'est fiable à 100 %, ce qui explique les contradictions que l'on peut observer entre des données issues de sources différentes.

On trouve des chiffres de marché dans des articles de presse ou sur des sites Internet mais les médias ne constituent qu'une source intermédiaire, il est préférable de remonter à la source originelle pour garantir la précision de l'analyse.

La structure d'un marché

L'analyse d'un marché ne s'effectue pas seulement en regardant les ventes totales du produit considéré, mais aussi en les détaillant selon différents critères.

Quel est le critère le plus pertinent pour analyser la structure d'un marché ?

Une étape essentielle de l'analyse consiste à détailler le marché en fonction des caractéristiques physiques des produits ou services étudiés : formule ou recette, technologie, conditionnement. On indique les ventes par type de produits en pourcentage du marché total, en volume ou en valeur.

> Pour le marché des confitures on détaille les ventes par recette (parfums fraise, abricot...). La lessive s'analyse en fonction de la technologie employée : poudre, liquide ou tablettes.
>
> Sur le marché du jus de fruit, on distingue plusieurs conditionnements : le jus en brique, en petites briquettes, en bouteilles de verre, en canettes d'aluminium, en bidons de plastique...

Quels sont les autres critères possibles pour analyser la structure d'un marché ?

Il est habituel et utile d'analyser les ventes selon d'autres critères dont la pertinence dépend de la nature du produit : zones géographiques, circuits de distribution, caractéristiques de la clientèle...

> Les ventes de vins sont détaillées par zones géographiques : régions ou pays de production.
> Les ventes des cosmétiques s'analysent par circuits de distribution : les grandes surfaces, les pharmacies et les parfumeries.
>
> Les magazines pour enfants s'analysent selon l'âge des enfants, les couches pour bébé sont déclinées en fonction du poids du bébé, les produits bancaires selon la nature de la clientèle (professionnels ou particuliers)...

Astuce

Repérer les niches de marché

L'analyse d'un marché et de sa structure permet d'identifier des portions du marché de petite taille, mais présentant un intérêt tout particulier : soit parce qu'elles dégagent une rentabilité supérieure à la moyenne du marché, soit parce qu'elles présentent un potentiel de croissance important.

Par exemple, alors que la consommation de jus de fruits en France ne progresse que de + 3 % par an, les achats de smoothies, boissons préparées à partir de purée de fruits, explosent et constituent le produit d'avenir sur ce marché.

2 Anticiper l'évolution du marché

L'analyse d'un marché consiste, comme vous venez de le découvrir, à en réaliser une photographie, la plus détaillée possible, à un moment donné ; mais cette photo, si précise et fidèle soit-elle, a besoin d'être complétée par le film qui va révéler les mouvements, les tendances et les évolutions de ce marché ; notamment dans le but de prévoir son devenir au cours des prochains mois ou années.

Important

Un marché s'analyse toujours dans le temps, en évolution.

Le marché réel et le marché potentiel

Le **marché réel** est mesuré par les achats effectifs du produit ou du service sur une période donnée. **Le marché potentiel** est une estimation du volume ou du montant maximum que pourraient atteindre les ventes du produit ou du service. C'est une notion importante car elle permet de se projeter dans l'avenir et de définir ses objectifs de progression de manière réaliste.

Le marché des aliments pour animaux, un potentiel important

Le **marché réel** des aliments pour animaux domestiques en France est mesuré par les achats des aliments pour animaux dans les grandes surfaces, les animaleries ou encore chez les vétérinaires. Le **marché potentiel** des aliments pour animaux est cependant plus important : de nombreux propriétaires nourrissent leurs chiens et chats avec des restes de table, d'autres n'hésitent pas à acheter de la viande fraîche chez le boucher. Ces propriétaires sont néanmoins susceptibles d'acheter un jour des aliments pour animaux en grande surface, par exemple un aliment avec une image aussi qualitative que la viande fraîche du boucher. Le marché potentiel des aliments pour animaux peut être estimé à partir de l'ensemble des propriétaires d'animaux en France et pas seulement en fonction de ceux qui achètent aujourd'hui des aliments industriels. En revanche, ceux qui ne possèdent pas d'animaux sont écartés de l'estimation du marché potentiel.

L'évolution du marché

Mot-clé

Le **cycle de vie** d'un marché désigne les différentes phases d'évolution que connaît un marché sur le long terme. Les ventes attendues varient en fonction de chaque phase du cycle de vie.

Comment suivre l'évolution d'un marché à long terme : la notion de cycle de vie

Le cycle de vie > Mot-clé d'un marché peut se décomposer en quatre phases :

- **La phase de lancement** avec l'introduction d'un produit innovant. Le démarrage des ventes est lent car le marché connaît une certaine inertie et l'innovation prend du temps pour se diffuser.

Les services payants sur internet comme des jeux en ligne pour les enfants sont encore en phase de lancement.

- **La phase de développement :** les ventes sont en pleine croissance avec l'arrivée d'un nombre grandissant de clients attirés par ces nouveaux produits.

C'est actuellement le cas du marché des énergies renouvelables, ou celui des produits alimentaires issus de l'agriculture biologique.

■ **La phase de maturité :** les produits présents sur ce marché sont nombreux, connus et largement diffusés. Les ventes sont importantes et stables.

> De nombreux marchés sont en phase de maturité comme l'automobile, le lait, les céréales, le café…

■ **La phase de déclin :** elle est souvent provoquée par l'arrivée de produits de remplacement plus performants. Les ventes chutent.

> Le marché des conserves est en phase de déclin, remplacé par le marché des surgelés et des produits traiteurs.

Le cycle de vie des marchés

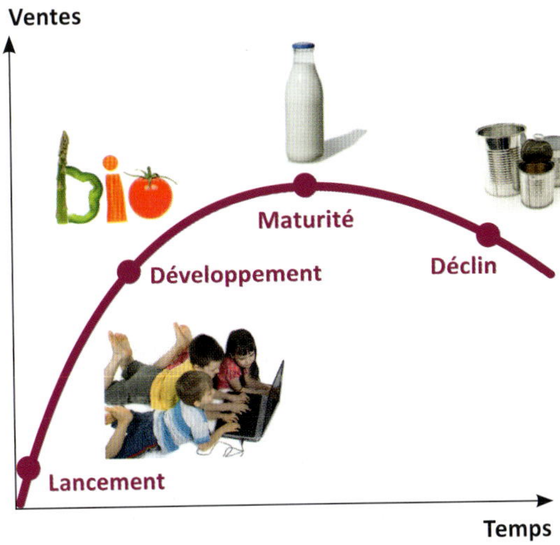

■ Comment analyser l'évolution à moyen terme d'un marché ?

En marketing il est d'usage de suivre l'évolution d'un marché d'une année à l'autre, et parfois sur deux à trois ans d'affilée pour gommer une année atypique. L'évolution d'un marché peut s'analyser en volume comme en valeur.

En pratique

Comment analyser et prévoir l'évolution de son marché ?

Avoir une estimation précise et juste de l'évolution de son marché est une information stratégique.
Une démarche réaliste pour offrir une visibilité correcte sur l'avenir de son marché consiste à croiser trois approches :

– Étudier les évolutions passées du marché : identifier les étapes du cycle de vie, repérer les éventuels phénomènes cycliques, calculer des taux de croissance moyens sur des périodes longues et sur les périodes récentes… Tout ceci suppose des données fiables et homogènes en termes de source et de méthodologie.

– Identifier les facteurs exogènes qui peuvent influencer le marché : on parle ici de facteurs d'environnement (voir ci-après) ; les facteurs les plus influents étant identifiés, mettre en place un suivi régulier des indicateurs clés.
Par exemple, l'évolution d'un grand nombre de marchés de fournitures et de matériaux est corrélée à l'activité du secteur de la construction ; il faut donc se procurer les statistiques macro-économiques de ce secteur et s'intéresser aux opinions des experts sur son évolution.

– Prendre en compte la dynamique interne du marché : évolution de l'offre, projets de la concurrence, besoins et attentes des consommateurs… que vous découvrirez à l'étape 4.

Piège à éviter

Prendre au pied de la lettre les prévisions d'évolution des marchés

De nombreux instituts publient des statistiques précises annonçant les taux de croissance futurs sur différents marchés. Ces statistiques peuvent être prises en compte à condition de comprendre comment elles ont été calculées ; mais elles ne doivent en aucun cas être adoptées comme étant les chiffres officiels, ni dispenser d'une réflexion approfondie sur son marché.

> Les achats de pommes de terre de la récolte 2009 en France ont reculé de 2,4 % en volume par rapport à la récolte 2008. En 2008, au début de la crise économique, ces achats avaient progressé de + 4,3 % (Comité national interprofessionnel de la pomme de terre).
> Le marché français des jeux vidéo (consoles, logiciels et accessoires) a plus que doublé en 8 ans, passant de 1,3 milliard d'euros en 2000 à plus de 3 milliards en 2008. En 2009 il a reculé pour revenir à 2,7 milliards d'euros : l'année 2009 a été moins riche en lancements de nouvelles consoles que 2008, et les consommateurs prennent l'habitude d'acheter des jeux d'occasion, moins chers que les neufs (Institut GfK).

La comparaison de l'évolution d'un marché en volume et en valeur est riche d'enseignements. Quand le taux de croissance en valeur est inférieur au taux de croissance en volume, il s'agit d'un marché avec des prix en baisse. En revanche, lorsque le taux de croissance en valeur est supérieur au taux de croissance volume, on peut supposer que sur ce marché les prix des produits augmentent et/ou que la demande des consommateurs évolue vers des produits plus chers.

> La croissance en valeur est moindre que celle en volume pour les marchés technologiques où les prix baissent comme ceux des ordinateurs ou des lecteurs de DVD.
> Le marché du lait connaît une croissance plus forte en valeur qu'en volume quand le cours général du lait augmente et/ou quand les ventes de laits spécifiques à prix plus élevés se développent, comme par exemple les laits enrichis destinés aux seniors.

■ Comment gérer l'évolution à court terme d'un marché : la notion de saisonnalité

Sur certains marchés, les ventes fluctuent selon la période de l'année. Il est alors utile de scruter les ventes mensuelles afin de gérer au mieux les flux de production et de commercialisation. Dans ce cas, on compare les ventes d'un mois avec celles du même mois de l'année précédente (mai 2011 avec mai 2010) et aussi avec celles du mois précédent (avril 2011).

> Les ventes de chips et de glaces sont plus fortes en été, alors que les ventes de soupes et de potages sont plus élevées en hiver.

Les facteurs d'environnement qui influencent l'évolution du marché

Les entreprises ne sont pas enfermées dans des vases clos ; elles sont exposées, comme tous les acteurs économiques, à des facteurs d'influence généraux et exogènes qu'il est utile d'étudier, car ils sont susceptibles d'influencer le marché de l'entreprise et son évolution.

Les facteurs d'environnement qui influencent un marché

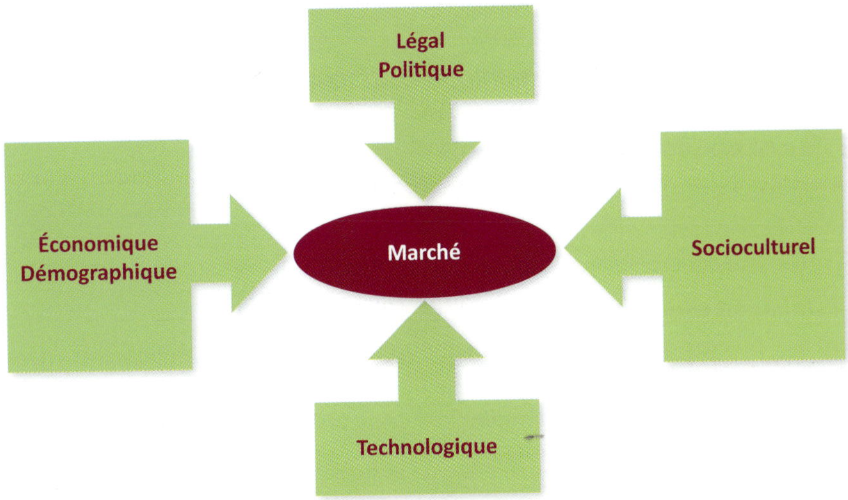

Il ne s'agit pas dans cette analyse de l'environnement de relever l'ensemble des **tendances et évolutions** qui se font jour dans la société et l'économie, mais de repérer celles qui influencent réellement le marché et de les hiérarchiser. L'influence sur le marché peut jouer dans un sens positif ou négatif.
Les quatre grands types de facteurs qui exercent leur influence de diverses manières sur un marché sont les suivants :

L'environnement légal et politique

Évolution des réglementations :

> Le bonus/malus écologique mis en place en France en 2008 exerce une grande influence sur le marché de l'automobile et sur le type de modèle acheté.

Négociations commerciales internationales :

> La décision européenne de lever en 2005 les quotas sur les importations de textile en provenance de Chine, dans le cadre des négociations de l'Organisation Mondiale du Commerce, a eu un impact important sur le marché de l'habillement en France : arrivée massive de produits bon marché avec un effet déflationniste et une évolution des comportements d'achat des consommateurs.

Actions de lobbying:

> Les plaintes répétées des associations de consommateurs et les interventions d'experts médicaux amènent les entreprises de l'agroalimentaire à modifier la teneur en sel des aliments.

L'environnement économique et démographique

Taux de croissance de l'économie: de nombreux marchés connaissent une évolution corrélée à celle du PIB.

> Des économistes ont observé une corrélation négative étroite entre les ventes de cosmétiques et la santé de l'économie (le fameux « lipstick index »): quand tout va mal les femmes sont plus enclines à acheter des produits de beauté!

Inflation et pouvoir d'achat: la perception par les ménages d'une baisse de leur pouvoir d'achat, confirmée par un certain nombre d'indicateurs mais renforcée par des événements à forte dimension symbolique comme le passage à l'Euro, les amène à modifier leur consommation.

> Les magasins discount, les ventes en soldes ou promotionnelles bénéficient de cette influence.

Chômage: la progression du chômage renforce le sentiment général d'insécurité économique et peut avoir un impact négatif sur certains marchés.

> Les marchés de l'assurance, de l'immobilier et de la formation sont très sensibles au taux de chômage.

Démographie: l'évolution de la population peut jouer un rôle sur la demande exercée par les clients potentiels d'un marché. En France, les tendances démographiques les plus marquantes sont le dynamisme de la natalité, l'allongement de l'espérance de vie et l'explosion de la population senior, l'augmentation du nombre de ménages et la diminution de leur taille moyenne, l'évolution du taux d'activité des femmes, l'augmentation du nombre de familles recomposées, les flux migratoires vers le Sud et l'Ouest…

> Ainsi, le niveau et l'évolution des marchés de la puériculture en France sont meilleurs que dans les autres pays d'Europe grâce à une natalité plus dynamique.

En pratique

Comment sentir les tendances de consommation?

L'ouverture sur le monde, la curiosité et le sens de l'observation sont des qualités indispensables pour le marketeur qui doit en permanence « humer l'air du temps » et sentir les envies, les attentes, les besoins de son marché.

Il peut se faire aider par des experts en tendances: bureaux de style, instituts spécialisés dans la veille marketing, département « planning stratégique » des agences de communication…

L’environnement socioculturel

L’évolution des modes de vie, des valeurs et des aspirations des consommateurs et de la société en général ont des répercussions importantes sur la consommation. Les tendances emblématiques du consommateur du début du XXIe siècle sont diverses :

- **Recherche de praticité et de rapidité** : produits 2 en 1, plats préparés, livraison à domicile…
- **Désir de mobilité** : produits nomades, magasins et restaurants *drive in*, ordinateurs portables et téléphones mobiles offrant de plus en plus de fonctionnalités…
- **Besoin de santé et de sécurité** : produits labellisés, assurances et extensions de garantie, produits bio…
- **Quête de racines et d’authenticité** : produits du terroir, produits personnalisés…
- **Exigence de sens** : produits équitables, mode du « fait-maison » et du loisir créatif…

L’exigence de sens explique le succès des produits de commerce équitable

L’environnement technologique

Évolution des technologies, innovation : une innovation issue de la recherche avancée peut se traduire, quelques années après, par l’apparition d’une nouvelle offre qui bouleversera le marché.

> Le développement des technologies numériques a entraîné le déclin des cassettes vidéo VHS. Mais le marché du DVD, malgré la sophistication apportée par le nouveau standard Blu-Ray, est à son tour menacé par le téléchargement et la généralisation de la Vidéo on Demand.

Généralisation des nouvelles technologies de communication : le développement de la téléphonie et d’internet donne aux consommateurs de nouvelles habitudes en matière de communication qui ont des répercussions sur la vie des marchés et des entreprises.

> Le secteur traditionnel de la vente par correspondance connaît une nouvelle jeunesse avec l’apparition du e-commerce, mais doit se remettre en question pour adapter ses anciens catalogues.

La recherche de praticité et la quête de l’équilibre expliquent le lancement de plats préparés plus légers

A vous de jouer !

1. Comment définiriez-vous le marché générique de la VOD (vidéo on demand = téléchargement légal de films) ?

a. Le divertissement.

b. Le cinéma.

c. Internet.

2. Lors de l'analyse du marché du lait, quelles personnes ne sont pas des consommateurs potentiels ?

a. Les personnes allergiques au lait.

b. Les personnes qui ont arrêté de boire du lait à l'adolescence.

c. Les personnes qui préfèrent le thé.

3. Nicolas étudie un marché de boissons alcoolisées qui passe d'une année à l'autre de 1 000 à 900 bouteilles et de 10 000 à 12 000 €. Quelle affirmation est fausse ?

a. Les ventes volume diminuent de 10 %.

b. Les prix augmentent de 20 %.

c. Les ventes en valeur augmentent de 20 %.

4. Il y a en France 20 millions de foyers environ. 10 millions d'entre eux achètent des conserves de champignons, en moyenne 4 fois par an. Le taux de pénétration pour les conserves de champignons est de :

a. 10 %.

b. 10 millions.

c. 50 %.

d. 40 millions.

5. Sophie est chargée d'études chez un tour opérator. Parmi ces 3 tendances, laquelle est un facteur d'environnement pour son marché du tourisme ?

a. Développement des ventes de voyage sur internet.

b. Part croissante des voyages « à la carte » au détriment des voyages organisés « packagés ».

c. Climat d'insécurité (attentats terroristes, accidents d'avion...).

Solutions

Question 1 : a. Le cinéma est un marché environnant, internet est le support technique, le divertissement est le besoin générique auquel répond la VOD.

Question 2 : a. Les personnes allergiques au lait ne pourront jamais en consommer. Les autres personnes peuvent un jour boire du lait, si le marketing fait bien son travail !

Question 3 : b. Le prix moyen augmente bien, mais de 33 %.

Question 4 : c. Le taux de pénétration se calcule en divisant le nombre d'acheteurs réels (10 millions) par le nombre d'acheteurs potentiels (20 millions).

Question 5 : c. les réponses a et b sont des caractéristiques intrinsèques du marché du tourisme. Le climat d'insécurité est un facteur d'environnement socioculturel.

Étape 4

Analyser les acteurs

Évaluer les forces en présence : consommateurs, concurrents et distributeurs

L'étape 4 en un clin d'œil

1 Les consommateurs : décrypter la complexité des comportements d'achat

Les consommateurs constituent la pièce maîtresse du jeu marketing mais il n'est pas évident d'identifier la personne déterminante : acheteur, utilisateur du produit, prescripteur…

Le processus qui amène à acheter un produit ou un service peut se décomposer en cinq phases :

– la reconnaissance du besoin, qui existe à l'état latent dans toute démarche de consommation ;

– la recherche d'information, qui permet au consommateur de décrypter l'offre ;

– l'évaluation des alternatives, qui l'amène à présélectionner deux ou trois marques ;

– la prise de décision au moment de l'acte d'achat proprement dit ;

– le sentiment post-achat, qui joue un rôle clé pour les achats futurs et la fidélisation.

2 Les concurrents, l'armée adverse

Il existe des concurrents directs et des concurrents indirects, qui peuvent être tout aussi dangereux. L'importance d'un concurrent s'évalue en fonction de sa part de marché et d'une analyse fine de sa stratégie.

3 Les distributeurs, des intermédiaires clés

Les distributeurs sont des entreprises aux caractéristiques bien différentes. La tendance est à la concentration. Les magasins et enseignes spécialisés font face aux généralistes, aux hypermarchés et supermarchés et aux sites d'e-commerce. Les distributeurs les plus performants sont ceux qui parviennent à se différencier dans l'esprit du consommateur ; cette stratégie passe souvent par une politique de marque propre, les marques de distributeurs.

1 Les consommateurs : décrypter la complexité des comportements d'achat

Mot-clé

Le consommateur utilise le produit ou le service commercialisé par l'entreprise. **L'acheteur** effectue l'acte d'achat, pour le compte éventuel d'un consommateur tiers. Il joue un rôle clé dans la décision d'achat.

Comme vous l'avez vu à l'étape 1, le marketing consiste à placer le client au centre des préoccupations de l'entreprise. La compréhension approfondie des consommateurs, de leurs comportements et du processus mental qui les amène à acheter un produit, à choisir une marque, est donc au cœur de la démarche d'analyse marketing. Après un préliminaire consacré à l'identification du consommateur, cette partie décrit le process de consommation, de la naissance du besoin à la concrétisation de l'acte d'achat ; puis passe en revue les différents facteurs qui influencent la consommation et font que tous les consommateurs ne s'intéressent pas aux mêmes produits ou aux mêmes marques.

Le consommateur : de qui parle-t-on ?

La plupart du temps, identifier ses consommateurs (ou « clients ») > Mot-clé ne pose pas de problème particulier : si je tiens un restaurant, mes consommateurs sont les personnes qui viennent prendre leur repas dans mon établissement.

Il arrive toutefois que la consommation d'un produit ou service fasse intervenir d'autres acteurs aux côtés du consommateur, qui jouent un rôle tout aussi, voire plus important dans le processus d'achat, comme les acheteurs > Mot-clé .

> Le propriétaire d'un chat qui lui achète des croquettes n'en est pas le consommateur. Même si le fabricant de croquettes s'intéresse aux réactions de ses consommateurs-chats à l'égard de son produit, c'est le propriétaire « acheteur » qui joue un rôle clé d'un point de vue marketing.

Le consommateur n'est pas toujours l'acheteur…

Important

Bien identifier les différentes personnes impliquées dans le processus d'achat et mesurer leur degré d'influence.

Les choses sont plus complexes dans l'univers du *Business to Business*.

> Pour la vente d'un copieur au sein d'une entreprise cliente, un fournisseur de matériel bureautique est en relation avec plusieurs personnes aux responsabilités différentes : le ou les utilisateurs de l'appareil, le service informatique « expert » en charge de l'installation et de l'entretien du copieur, l'éventuel acheteur qui s'occupe de la négociation du prix et des conditions d'achat, le payeur qui est le chef de service gérant le budget concerné… Toutes ces personnes peuvent intervenir dans le processus d'achat et le choix de l'appareil commandé. Le poids de chaque acteur dans la décision finale varie d'une entreprise à l'autre !

Quand le client est une entreprise, il peut y avoir plusieurs personnes impliquées dans le processus d'achat

Comprendre le processus de consommation : de la naissance du besoin à l'acte d'achat

Le processus qui amène une personne à acheter un produit est complexe. Le marketing fait appel à plusieurs disciplines scientifiques (psychologie, sociologie, ethnologie, neurosciences…) pour développer des modèles explicatifs, voire prédictifs du comportement d'achat dans un contexte donné. Ces modèles, et les méthodologies d'études qui permettent de les mettre en pratique, apportent un éclairage intéressant sur le comportement des consommateurs. Pour autant, cela reste une approche théorique ;

aucun modèle n'est encore parvenu à restituer toute la complexité d'un cerveau humain effectuant un achat – et c'est sans doute mieux ainsi !

Il ne s'agit pas ici de passer en revue l'importante production scientifique consacrée à ces sujets, mais de présenter les outils et concepts les plus significatifs qui en découlent et qui sont utilisés dans la pratique marketing aujourd'hui.

Les grandes étapes du processus de consommation

Le processus de décision d'achat d'un consommateur peut se décomposer en cinq grandes étapes (voir ci-contre).

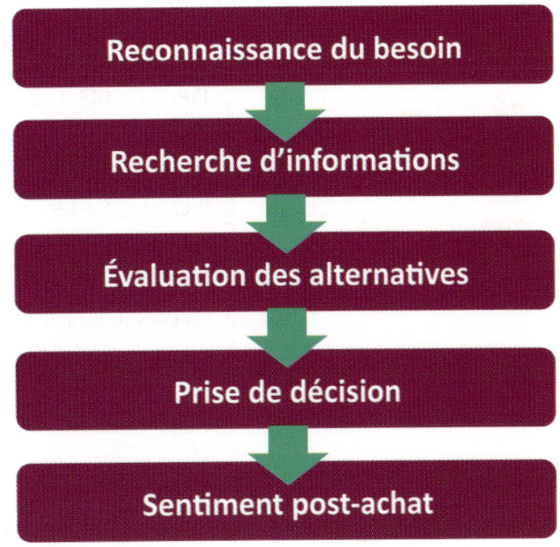

Les cinq étapes du processus de consommation (inspiré du modèle de Engel, Kollat et Blackwell, 1978)

La marque peut intervenir et influencer le choix final du consommateur à chaque étape. Identifier à quelles étapes elle manque de performance lui permet d'orienter ses actions marketing. Ce schéma est relativement universel, même si les cinq étapes ne se déroulent pas de manière consciente pour chaque achat réalisé, notamment dans le cas d'achats répétitifs.

> Une marque qui ne passe pas le cap de l'étape « recherche d'informations », parce qu'elle est peu connue ou qu'il est difficile de se procurer des informations à son sujet, a intérêt à augmenter rapidement sa notoriété, et mettre en place un site internet clair et informatif sur ses produits.
> Une marque prestigieuse et renommée, mais réputée chère, peut être exclue des alternatives étudiées à l'étape de l'évaluation ; sa priorité sera de communiquer sur la qualité de ses produits pour justifier son prix plus élevé.
> Une marque facilement achetée mais décevante à l'usage génère un sentiment post-achat négatif préjudiciable pour les achats ultérieurs. Elle peut mettre en place des enquêtes sur la qualité de ses produits et améliorer son service après-vente.

La reconnaissance du besoin : la prise de conscience

Consommation et besoin

Savoir pourquoi on consomme, à quel élan intérieur l'être humain répond lorsqu'il achète un produit de marque, dans nos sociétés où les besoins vitaux sont largement comblés, est un sujet passionnant… qui ne sera pas traité en détail dans cet ouvrage. C'est une question fondamentale, controversée, selon qu'on l'aborde d'un point de vue scientifique ou philosophique ; c'est une question que tout marketeur, et plus largement tout acteur économique devrait se poser.

Sans entrer dans le détail, on peut aborder le sujet de la consommation à partir d'un point généralement consensuel : chaque acte de consommation est la réponse à un sentiment de manque, un vide qui s'accompagne d'un désir irrépressible de le combler. Au départ, le manque ressenti concerne des besoins physiologiques, vitaux : manger, boire, dormir, se mettre à l'abri du froid… Aujourd'hui la quasi-totalité des actes de consommation se situent dans des registres différents de besoins, de nature plus psychologiques, mais tout aussi impérieux : l'enjeu est de définir sa place dans le regard des autres, soit en leur ressemblant pour s'intégrer à un groupe, soit au contraire en s'en distinguant pour s'en faire admirer… dans ce cas, la question n'est plus juste de manger, boire ou se vêtir, mais *que* manger, *que* boire ou *comment* s'habiller.

Un enfant de 6 ou 7 ans veut boire du Coca-Cola, parce que ce soda « excitant » le fait accéder aux habitudes des plus grands. Mais quand il a soif après avoir couru il se réjouit d'un simple verre d'eau ! Dans le second cas le besoin est physiologique et se satisfait facilement, alors que dans le premier ce n'est pas tant la soif que le désir de ressembler aux grands qui motive notre petit consommateur. Si on lui donne de l'eau il n'a plus soif mais son désir frustré d'être grand ne se calme pas pour autant !

Boire est un besoin physiologique mais le choix de la boisson est aussi important d'un point de vue psychologique

Technique

La pyramide des besoins de Maslow

Cet outil, développé par le psychologue américain Abraham Maslow dans les années 1940 et connu de tous les étudiants en marketing, classe les différents besoins en cinq grands types hiérarchisés. Lorsqu'un consommateur a satisfait les besoins d'un certain niveau il passe spontanément aux besoins du niveau supérieur. Le niveau du bas de la pyramide correspond aux besoins physiologiques. Dès lors qu'il a le ventre bien rempli, le consommateur évolue vers des attentes de sécurité, puis d'appartenance, d'estime et enfin, stade ultime, d'accomplissement personnel.

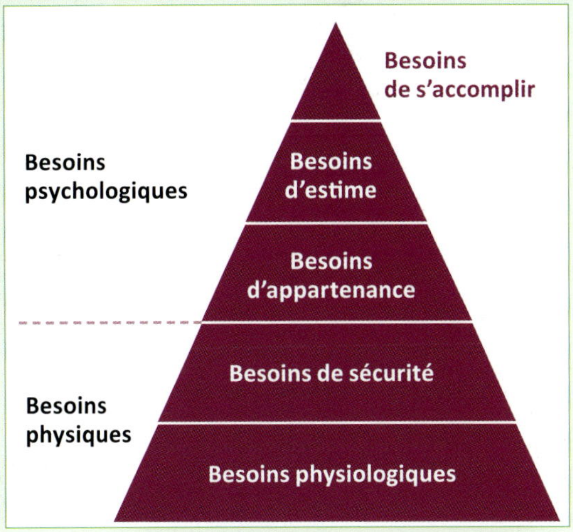

La hiérarchie des besoins selon Maslow

Dans la pratique cette pyramide est peu utilisée, même s'il est utile de prendre conscience que les consommateurs sont poussés par des besoins fort différents.

Un habitant d'un pays peu développé achète du riz pour se nourrir ; un Asiatique exilé dans une grande capitale occidentale achète le riz qui le rattache à sa communauté et lui rappelle les saveurs de son pays ; un français épris de gastronomie achète le riz d'une variété particulière (thaï, basmati, arborio…) qui valorise le plat exotique raffiné qu'il prépare pour ses invités.

Astuce

Déclencher les achats d'impulsion

Certains produits ne sont pas achetés pour combler un besoin profond, mais plutôt en réponse à une envie instantanée : ce sont les achats d'impulsion ; d'où l'importance de soigner la présentation en offrant le maximum de visibilité et d'appétence…

La reconnaissance du besoin

La prise de conscience du besoin à travers la sensation de manque est donc le point de départ de tout le processus de consommation. La marque qui parvient à susciter cette prise de conscience auprès de ses consommateurs potentiels a toutes les chances de rester dans la course pour la suite du processus d'achat.

> Une société spécialisée dans les énergies nouvelles pour le chauffage domestique a tout intérêt à proposer un diagnostic de la consommation énergétique qui amène les propriétaires de maisons individuelles à se renseigner sur ces solutions alternatives… et peut être à investir par la suite !

Mot-clé

Les motivations sont les forces qui poussent un consommateur à passer à l'action.
Les freins sont les forces qui empêchent l'achat et/ou l'utilisation du bien.

Les motivations et les freins > Mot-clé

La prise de conscience d'un besoin est le point de départ d'un achat. Ce qui va ensuite orienter le consommateur vers un produit plutôt qu'un autre pour satisfaire ce besoin constitue les motivations et les freins.

> Trois grandes motivations sont identifiées pour la consommation de produits biologiques : le souci de prendre soin de l'environnement, la volonté de protéger sa santé à travers une alimentation saine et contrôlée, la recherche de goût, de plaisir et d'authenticité. Ces trois motivations se retrouvent auprès de chaque consommateur de bio mais avec une importance variable d'une personne à l'autre. Les produits bio achetés sont différents selon la motivation la plus forte.

En pratique

Comment détecter les motivations et les freins ?
Des enquêtes sont menées auprès des consommateurs pour les faire s'exprimer sur les problèmes qu'ils ressentent au sujet du produit et de son utilisation. Ce ressenti profond est appelé *insight* consommateur.
Interrogés au sujet des désodorisants d'atmosphère en aérosols, les consommateurs ont exprimé le problème suivant : « les désodorisants en aérosols, c'est efficace mais l'amélioration est éphémère ». Cet insight *a conduit au développement des désodorisants en blocs ou en diffuseurs.*

Identifier les motivations et les freins des consommateurs permet aux marques de définir une offre pertinente, comme vous le verrez plus en détail à l'étape 8.

> L'appréhension de la douleur est le frein principal pour l'achat d'un épilateur électrique. Toutes les marques travaillent à développer des appareils efficaces et sans douleur. Une marque, convaincue d'avoir un des appareils les plus indolores du marché, est allée jusqu'à prendre comme ambassadeur un travesti latino-américain. Les hommes étant réputés douillets, le témoignage de l'un d'entre eux sur son utilisation de cet appareil sans souffrir est vraiment convaincant pour les femmes !

■ La recherche d'informations : le décryptage de l'offre

Mot-clé

L'implication est la mesure de l'intérêt porté par un consommateur à un produit ou à un service. Elle varie d'un consommateur et d'un produit à l'autre, en fonction du risque perçu.

L'implication > Mot-clé

Le consommateur, ayant pris conscience du manque qu'il a d'un produit, se lance dans une phase de recherche d'informations. Cette démarche est d'autant plus importante que l'achat est perçu comme impliquant. Pour les achats peu impliquants (achats routiniers, produits de faible valeur…), il n'y a souvent aucune recherche d'informations.

> Pour la plupart des mères de famille, l'achat d'un paquet de biscuits pour le goûter des enfants est peu impliquant. Pour la maman d'un enfant allergique à un composant fréquent (gluten, noisette, arachide…) c'est un achat très impliquant en raison du risque pour la santé de l'enfant.

Un consommateur à la recherche d'informations se nourrit de celles qui lui arrivent spontanément, comme les messages publicitaires, auxquels il se montre particulièrement réceptif ; mais il mène aussi sa propre enquête – surtout depuis l'arrivée d'internet, qui donne accès depuis son fauteuil à des informations précises et pléthoriques : sites de vente en ligne, comparateurs de prix, forums de consommateurs…

Les entreprises qui identifient des consommateurs impliqués, avides d'informations sur leur catégorie de produits, ont tout intérêt à nourrir cet appétit. Si la mise à disposition d'informations commerciales claires, accessibles, pertinentes est indispensable, il est aussi utile de se faire connaître des journalistes, bloggeurs et experts de manière séduisante, encourager ou même alimenter un bouche-à-oreille flatteur auprès des consommateurs… Vous découvrirez ces outils de communication à l'étape 12.

Technique

Les trois grands types de sources d'information pour un consommateur

Les sources personnelles : la propre expérience du consommateur, ou le témoignage de personnes proches. 78 % des gens ont confiance dans les recommandations émises par d'autres consommateurs, beaucoup plus que dans les médias ou la publicité (étude Nielsen-2007)

Les sources publiques : opinion de tiers supposés neutres (associations de consommateurs, journalistes, experts, sites de comparaisons…).

Les sources commerciales : sites internet et services consommateurs des marques, catalogues, brochures…

La crédibilité des sources, et donc leur capacité à influencer un achat, est variable : les sources personnelles sont de loin, les plus crédibles, alors que les sources commerciales sont jugées comme étant partiales.

L'incidence de la perception > Mot-clé

Les informations mises à disposition des consommateurs ne sont pas toujours décryptées de la même façon.

Le cerveau humain a développé une capacité de perception subjective et sélective pour faire face à l'afflux constant d'informations – ne serait-ce que dans la sphère de la consommation, un français serait exposé en moyenne à 600 à 800 messages commerciaux par jour ! Le phénomène de perception fait que certains consommateurs vont voir une information, et d'autres non ; et que tous ne vont pas l'interpréter de la même manière.

Mot-clé

La perception est le mécanisme, propre à chaque personne, qui amène à filtrer les messages reçus et conditionne leur mémorisation et leur interprétation.

> Avez-vous remarqué que lorsque vous organisez un voyage, vous entendez parler partout de la destination que vous avez choisie : conversations entre collègues, magazines, publicités… tout le monde s'intéresse à l'endroit où vous pensez aller ! En fait, on en parlait autant avant, mais cela échappait à votre perception car vous n'étiez pas concerné.

Mot-clé

L'attitude est l'ensemble des éléments d'évaluation personnelle que s'est constitué un consommateur à l'égard d'une marque ou d'un produit.

■ L'évaluation des alternatives : la présélection

Le consommateur qui se renseigne sur une catégorie de produits pouvant répondre à son besoin (ou qui la connaît déjà par ses expériences d'achat passées) se forge un ensemble d'attitudes > Mot-clé au sujet des différentes marques existant sur ce marché.

Les consommateurs du monde entier ont une attitude positive, ou négative, à l'égard des produits français. Elle est généralement favorable pour les vêtements, les cosmétiques, la gastronomie… et souvent plus mitigée pour un service : les Français sont réputés être peu ponctuels et peu accueillants.

Les attitudes constituées par le consommateur lui permettent d'évaluer l'offre existante pour répondre à son besoin, et d'identifier les « marques possibles » : c'est une première sélection des marques qu'il est susceptible d'acheter. De nombreuses études montrent que pour la majorité des consommateurs et des produits achetés, quelle que soit l'importance de l'offre initiale, le choix final se fait parmi une présélection de trois ou quatre marques.

C'est le rôle de la communication, et notamment de la publicité, de modifier les attitudes à l'égard d'une marque… Mais celles-ci sont difficiles à faire évoluer, ce qui explique pourquoi certaines marques, malgré des fortunes englouties en dépenses publicitaires, restent mal aimées par les consommateurs !

Les consommateurs du monde entier ont une attitude à l'égard des produits français

Technique

L'attitude est la résultante de trois composantes :

– **Les croyances (dimension cognitive) :** ce que la personne sait du produit ; l'opinion qu'elle en a sur différents attributs comme la qualité, le design, le rapport qualité-prix…
Ce modèle de voiture a une excellente tenue de route.

– **Les sentiments (dimension affective) :** dans quelle mesure la personne apprécie le produit, dans l'absolu ou en relatif par rapport à une autre marque.
Je préfère cette marque de voiture à cette autre ; je n'aime pas la ligne de cette voiture.

– **Les comportements envisagés (dimension conative) :** si la personne pense acheter, ou non, ce produit.
J'envisage d'acheter tel modèle de voiture.

L'enjeu pour la marque est de convertir favorablement ce type d'intention d'achat… mais il y a souvent des écarts entre ce que les consommateurs pensent, ce qu'ils disent et ce qu'ils font vraiment ! L'attitude vis-à-vis des marques est mesurée par des études menées auprès des consommateurs, appelées études ou baromètres d'image.

Benetton a marqué les esprits dans les années 1980 et 1990 avec ses affiches publicitaires « choc ». Aujourd'hui, bien que la marque communique de manière plus consensuelle, elle est toujours vue par certains consommateurs comme une marque sulfureuse.

Le consommateur croise son besoin initial, ses motivations et ses freins pour le produit avec les attitudes qu'il s'est forgées à l'égard des différentes marques pour faire sa propre grille d'analyse : quelles sont ses attentes prioritaires ? Quelles marques sont susceptibles d'y répondre le mieux ?

Important

Une marque a peu de chances d'être achetée si elle ne fait pas partie de la présélection ; d'où l'intérêt de comprendre les critères de sélection mis en œuvre par le consommateur.

La prise de décision : l'heure du choix

L'importance du point de vente : Le choix de la marque qui sera achetée se fait parfois avant la venue dans le magasin, mais rien n'est joué tant que l'achat n'est pas réalisé ! De nombreux facteurs liés au point de vente peuvent détourner le consommateur de son choix initial et l'orienter vers d'autres offres : présence ou non du produit souhaité, mise en scène attractive de produits concurrents, conseils du personnel de vente, comparaison des prix des différentes offres… Vous découvrirez en détail les aspects de la gestion du point de vente à l'étape 11.

Certaines marques choisissent de concentrer leurs moyens marketing dans des actions liées au point de vente. Elles ne font pas d'effort particulier pour être connues ou avoir une bonne image, et investissent l'argent économisé sur la publicité pour occuper physiquement le terrain de manière efficace.

La marque enseigne de prêt-à-porter Zara n'investit pas un centime en publicité, mais consacre beaucoup de soin et d'argent à choisir les points de vente les mieux situés, dans des rues passantes et offrant de belles vitrines, pour attirer les clientes comme un aimant. Inutile de préciser que cette stratégie est redoutablement efficace !

Des achats sous influence : Le choix de la marque achetée n'est pas toujours laissé au libre arbitre du consommateur mais passe parfois par le conseil ou même l'ordonnance d'un tiers : l'influenceur ou le prescripteur > Mot-clé.

Quand le rôle des influenceurs et des prescripteurs est avéré sur un marché, le marketeur oriente vers eux tout ou partie de ses investissements en communication.

Mot-clé

L'influenceur est une personne (journaliste, leader d'opinion, expert, blogueur…) susceptible d'orienter le choix de marque ou de produit en émettant une opinion.

Le prescripteur choisit la marque ou le produit à acheter par un consommateur.

La marque italienne de chaussures Tod's est devenue renommée dès son lancement en 1978 en offrant des paires de mocassins à des célébrités comme l'industriel Gianni Agnelli. Le confort et la qualité des chaussures ont séduit l'homme d'affaires qui les a portées lors d'une interview télévisée… et c'était le début de la mode des Tod's !
Les laboratoires pharmaceutiques ne font pas de publicité auprès du grand public pour les médicaments vendus sur ordonnance ; en revanche ils les promeuvent de manière active auprès des médecins prescripteurs.

Astuce

Célèbre adage marketing : « Un client satisfait va parler de votre produit à trois personnes, alors qu'un client mécontent en parlera à dix… »

■ Le sentiment post-achat : l'enjeu de la satisfaction

Ce serait une grossière erreur de croire que le rôle du marketing s'arrête quand le consommateur a payé et emporté son produit. La gestion du « post-achat », qui consiste à régler les problèmes rencontrés à l'utilisation du produit, et à développer une relation suivie avec le consommateur, est importante pour deux raisons :

- La satisfaction permet de transformer le consommateur en ambassadeur de la marque, ou tout du moins d'éviter qu'il ne déclenche un bouche à oreille négatif s'il est mécontent.
- La satisfaction sert de base à la fidélisation du consommateur. L'expérience vécue par un consommateur avec une marque est un puissant facteur d'influence pour les achats futurs.

Piège à éviter

Négliger le sentiment post-achat

Pour s'assurer que l'expérience du consommateur avec la marque s'est bien passée, on réalise des enquêtes de satisfaction.

Pour une chaîne d'hôtels de luxe, la fidélisation consiste d'une part à s'assurer de la satisfaction de ses clients, par la réalisation d'enquêtes ; et d'autre part à rester en contact avec eux, par l'envoi régulier d'informations, l'octroi de points de fidélité permettant de bénéficier de remises sur leurs prochains séjours…

Comment expliquer le comportement des consommateurs ?

Bien que le processus de consommation suive sensiblement les mêmes étapes pour tous, deux personnes différentes, ayant au départ le même besoin à satisfaire, ne vont pas nécessairement acheter le même produit. Ces différences de comportement d'achat s'expliquent par un ensemble de facteurs propres à chaque individu ou à son milieu. Ces facteurs vont prédisposer le consommateur à l'achat de tel produit plutôt que de tel autre.

Avis d'expert

Rémy Oudghiri, directeur du département Tendances et Prospective, Ipsos.

Quelles sont les caractéristiques du consommateur d'aujourd'hui ?

« Quid du consommateur en 2010 ? La décennie vient de s'achever. C'est l'occasion de tenter un premier bilan, et commencer à imaginer ce que sera la seconde décennie du XXIe siècle…

D'abord, rappelons-nous, la décennie 1990, commencée sous les auspices de la crise et de la rigueur, s'était achevée sur une euphorie toute technologique. À l'approche de l'an 2000, chacun y allait de son refrain sur les vertus du marketing interactif, de la « société de l'information » ou des avantages de la « co-création ». Le boom d'internet et du téléphone portable, la diffusion des ordinateurs au sein des foyers donnaient le sentiment que l'on était en train de changer de monde. Les Anglo-Saxons évoquaient un consommateur *empowered*, que la technologie allait libérer de la tutelle des marques… D'ailleurs, en 2000, Naomi Klein enfonçait le clou en publiant son fameux No Logo. Les marques allaient trembler…

La décennie 2000-2010, en un sens, n'a pas tenu ses promesses. Un mot la résume, qu'il faut mettre au pluriel, celui de « crises ». Crise sécuritaire avec le 11 septembre et la diffusion du terrorisme à travers le monde. Crise sanitaire, de l'obésité à la grippe H1N1 en passant par la progression de pathologies comme le stress ou la dépression. Crise écologique, avec la prise de conscience mondiale de la fragilité de notre planète. Crise économique et financière, enfin, qui remet en cause plus de trente ans de dogme néolibéral.

Et le consommateur dans ce contexte ? Il a appris à faire attention. C'est ce que montrent toutes les études conduites chez Ipsos au cours de ces années. Le consommateur surveille, il se surveille, il surveille les autres. La décennie 2000-2010 consacre le triomphe du principe de précaution. Un seul exemple : la généralisation de la vidéo surveillance. Autre tendance forte de la décennie : le repli sur la sphère privée. Les individus passent de plus en plus de temps chez eux, avec leurs proches ou leur famille. L'essor continu des marchés du jardinage et du bricolage en témoigne.

Le développement du commerce électronique favorise de nouveaux modes de vie.

La décennie marque aussi la professionnalisation sans précédent des consommateurs. Dans bien des domaines, ils font montre d'une expertise inconnue de consommateurs des Trente Glorieuses. La généralisation d'internet leur a donné les armes pour comparer, voire contester, les arguments des marques.

Le trait le plus frappant de notre époque réside d'ailleurs dans un paradoxe. En apparence, le consommateur a gagné en pouvoir. Il a plus de maîtrise sur sa consommation. Il peut ajuster. Il peut influencer. C'est un individu « surpuissant » à bien des égards qui fait trembler les directeurs marketing. Mais dans le même temps, c'est un consommateur hyper fragile qui cherche à se rassurer en permanence, et plutôt que de participer, souvent cherche à fuir… La consommation comme art de la fuite, telle est la tonalité de ce début de décennie. En attendant mieux ?… »

Si chaque consommateur est unique, c'est pour un ensemble de raisons qui peuvent être personnelles (son sexe, son âge, son tempérament…) ou liées à son environnement familial, culturel, social… Pris séparément, aucun de ces facteurs ne joue un rôle déterminant. C'est leur combinaison qui fait que vous ne consommez pas de la même façon que votre conjoint, votre sœur, votre père ou votre voisin… Le marketing identifie les facteurs les plus influents pour un marché donné.

■ Les facteurs personnels classiques : le sexe, l'âge, la composition du foyer...

Les facteurs démographiques sont généralement discriminants dans la consommation, ils sont donc systématiquement étudiés en point de départ de toute analyse de consommateur.

> Placez-vous dans le rayon réfrigérateurs d'un magasin et observez les produits auxquels les gens s'intéressent : les hommes apprécient les gros réfrigérateurs américains, les femmes vont être sensibles à la consommation énergétique, à la facilité de nettoyage et de dégivrage, à la performance en matière de conservation des aliments... les mères de famille vont rechercher une grosse capacité, les jeunes qui s'installent un faible encombrement. Les personnes âgées vont vouloir un réfrigérateur encastrable qui s'intègre dans leur cuisine...

■ Les influences personnelles : la personnalité, le style de vie

Cet ensemble de facteurs explique pourquoi deux sœurs, du même âge, élevées de la même façon, ayant un niveau d'études identique et le même genre d'activité professionnelle, ne s'habillent pas de la même manière, ne lisent pas les mêmes livres et ne vont pas en vacances au même endroit : c'est l'influence de la personnalité.

Comme on ne peut pas prendre en compte les personnalités individuellement, le marketing a développé des outils qui définissent des grands types de personnalité : les aventuriers, les anxieux, les conservateurs, les créatifs, les « bobos »... On attribue un type à une personne en se basant sur des informations nombreuses et variées : opinions, centres d'intérêt, activités, habitudes... Le résultat de cette démarche est souvent schématique, parfois caricatural; mais il permet d'affiner la compréhension des consommateurs au-delà de leurs caractéristiques de base.

■ Les influences liées à l'environnement familial

Une grande partie des habitudes de consommation s'acquiert dans la sphère familiale, notamment pendant l'enfance. Cette influence s'étend à l'alimentation, l'hygiène et le soin de la personne, mais aussi plus largement aux critères de choix d'une marque ou d'un produit.

L'entretien de la maison : des habitudes de consommation qui se transmettent d'une génération à l'autre

Demandez-vous pourquoi vous utilisez tel type de produit d'entretien, pourquoi vous lavez votre baignoire tous les jours ou seulement une fois par semaine, pourquoi vous passez ou non les assiettes sous l'eau avant de les mettre dans le lave-vaisselle, pourquoi vous n'avez confiance que dans la javel... Probablement parce que votre mère faisait ainsi ! Les fabricants de produits pour l'entretien de la maison le savent bien, il s'agit d'habitudes acquises depuis l'enfance !

Les influences liées à l'environnement social

Le milieu social auquel appartient une personne influence fortement sa consommation. Le premier niveau est celui de la « catégorie socioprofessionnelle » : employé, cadre, profession libérale... elle-même liée au niveau d'études et à la profession ou activité exercée.

Les sociologues ont beaucoup écrit sur ce phénomène, dont la réalité est toutefois plus discutable que par le passé. Il y a quelques décennies la société française et occidentale était réellement une société de classes. Aujourd'hui, ces classes sont moins structurantes : une personne avec des faibles revenus peut économiser pour s'offrir un voyage aux Antilles, et même les « bourgeois du XVIe » fréquentent les enseignes de *hard discount* de leur quartier.

De nombreux sports ont une pratique liée à la catégorie socioprofessionnelle : le golf, l'équitation, la voile sont des activités plutôt pratiquées par des « catégories aisées », alors que la natation, le judo, le cyclisme sont courants dans les catégories plus « populaires ».

La tendance actuelle est de porter l'analyse à un niveau plus fin : on observe l'émergence de groupes de personnes liées par une communauté de destin, d'intérêts ou de sentiments qui peut jouer un rôle déterminant dans leurs comportements de consommation. Ces groupes peuvent se concrétiser par des associations, regroupant les gens passionnés par la généalogie, les supporters d'un club de foot, les fans d'une star, les défenseurs d'une cause, les experts en cerf-volant, en musique cubaine ou en jeux vidéo. Ces « communautés » se sont développées grâce à internet et aux sites communautaires qui permettent aux membres d'échanger des informations sur leur passion commune.

La tribu des fans de Harley Davidson

Pour une marque, il existe deux manières d'exploiter ce phénomène communautaire : créer sa propre communauté d'adeptes ou cibler une communauté déjà existante.

Les clients de Harley Davidson sont passionnés par cette marque de moto et son univers emprunt de voyage, d'aventure et de grands espaces. Ces « bikers » constituent une véritable tribu, le « Harley Owners Group », qui compte plus de 1 million de membres dans le monde. Ils organisent de nombreux rassemblements, voyages et rencontres, et communiquent à travers le site internet qui leur est dédié. Leur devise : « rendre le rêve Harley Davidson une manière de vivre ».
La marque de *sportswear* M.Dia s'adresse à une communauté existante qui possède ses propres codes : les jeunes adeptes de rap vivant dans les banlieues.

■ Les influences liées à l'environnement culturel

Un individu assimile les valeurs de la société (pays, région) dans laquelle il vit.

Le groupe Mattel a mis longtemps à comprendre pourquoi Barbie, son produit phare, ne marchait pas du tout au Japon : la bouche entrouverte de Barbie est le summum de la vulgarité pour les Asiatiques… Tout va mieux depuis que les Barbie japonaises ferment la bouche.

2 Les concurrents, l'armée adverse

Astuce

Quand les concurrents sont nombreux on parle d'un marché fragmenté. À l'inverse, un marché avec un petit nombre de concurrents est un marché concentré.

La principale raison d'être du marketing est de fournir aux entreprises des moyens pour résister à la pression concurrentielle. Notre monde économique est ainsi fait que les entreprises sont condamnées à la croissance : développer les ventes, le chiffre d'affaires, pour pérenniser leur activité et justifier leur existence. Sur des marchés occidentaux saturés, ce développement de l'activité se fait nécessairement par des gains de part de marché, au détriment des concurrents… dans une logique de guerre implacable.

Identifier ses concurrents les plus menaçants

Différents types de concurrents

Les concurrents les plus évidents sont les concurrents directs > Mot-clé. On les trouve parfois au sein de la même entreprise !

> Les concurrents directs des jus de fruits Joker sont toutes les autres marques de jus de fruits, dont Rea et Granini qui font partie du même groupe industriel que Joker.

Mais les concurrents indirects > Mot-clé peuvent être aussi dangereux :

> Toutes les boissons rafraîchissantes, et surtout celles à base de fruits (Oasis, Sunny Delight...) sont des concurrents potentiels pour les jus de fruits : techniquement il s'agit de produits différents, contenant du sucre et d'autres additifs ; mais elles répondent au même besoin de départ, qui est de désaltérer.

La concurrence peut être composée d'une multitude de petits acteurs, menaçants par leur nombre et par leur implantation dans les habitudes de consommation.

> De nombreux consommateurs pressent des oranges plutôt que d'acheter du jus tout prêt. C'est une concurrence réelle pour les fabricants de jus de fruits.

Les concurrents les plus redoutables ne sont parfois pas encore arrivés sur le marché.

> Le principal concurrent du numéro 2 mondial de la distribution, le groupe français Carrefour, est la plus grosse entreprise du monde : le distributeur américain Walmart. Les deux rivaux ne s'affrontent en direct que dans un petit nombre de pays (Chine, Brésil...), leurs principales implantations n'étant pas les mêmes. Mais l'arrivée de Walmart en Europe continentale est régulièrement évoquée comme une menace importante pour Carrefour.

Évaluer le poids des concurrents

Le rapport des forces en présence s'évalue grâce à la mesure des parts de marché et amène à distinguer trois grands types de marques.

■ **La marque leader** dispose d'une part de marché supérieure à celle des concurrents. C'est la marque de référence pour la famille de produit. Elle possède la clientèle la plus large et la plus fidèle. Elle initie les changements de comportement des consommateurs en innovant et en communiquant

Mot-clé

Les concurrents directs appartiennent au marché et commercialisent le même type de produits.
Les concurrents indirects offrent des produits de nature différente mais qui peuvent répondre à un même besoin du consommateur.

Les concurrents indirects ne sont pas les moins dangereux...

Astuce

On parle d'une situation de co-leadership quand deux marques détiennent des parts de marché importantes et comparables.
Peugeot et Renault, Oxford et Clairefontaine sont des co-leaders sur leurs marchés respectifs.

plus que les autres marques. Si son poids lui donne trop d'importance, elle peut être taxée d'abus de position dominante !

> Coca Cola, Nike, Danone, Orange, Microsoft, Amazon, La Redoute, Décathlon, Google, Carte Noire sont des marques leader. Nutella est une marque leader étonnante : elle détient plus de 80 % de son marché des pâtes à tartiner chocolatées.

■ **La marque challenger** est le numéro deux du marché, animée par l'ambition de devenir leader.

> Pepsi, 3 Suisses sont des challengers.

Les marques de second rang moins dynamiques, qui ne cherchent pas à se distinguer par une offre innovante ou originale sont des marques suiveurs.

■ **La marque spécialiste** occupe une niche du marché. Elle détient une part de marché toute petite (par rapport au marché global) mais facile à défendre par l'originalité de son offre. Il s'agit de marques renommées, avec une forte image ; ou d'entreprises de petite taille, avec de bonnes idées mais des ressources limitées ; par exemple des marques régionales.

> Bang & Olufsen est une marque spécialiste des produits audio haut de gamme.
> Sur le vaste marché de l'habillement, certains créneaux sont occupés par des marques spécialistes : Aigle, spécialiste du plein air ; Lafuma, spécialiste de la randonnée ; Damart, spécialiste du confort pour les personnes âgées ; Marina Rinaldi, spécialiste des grandes tailles…

En pratique

La part de marché se calcule en divisant les ventes de la marque par les ventes totales du marché. Elle s'exprime en pourcentage. Elle peut se calculer en volume ou en valeur. Elle varie selon le niveau de mesure (entreprise, marque, produit…) et le marché pris comme dénominateur.

Repérer les leviers d'action

L'analyse concurrentielle ne consiste pas seulement à identifier les marques adverses les plus menaçantes. Elle vise aussi à trouver des angles d'attaque pour les affronter avec succès.

Cela nécessite un diagnostic précis de leurs points forts et de leurs points faibles :

- Les ressources de l'entreprise à laquelle elles appartiennent : moyens financiers, recherche et développement, force commerciale…
- La position qu'elles occupent sur le marché et son évolution.
- Le type de consommateurs visé en priorité : quels atouts mettent-elles en avant pour les séduire ?

– Leur mix marketing : offre produit et service, politique de prix, réseau de distribution et mode de communication.

Ce schéma d'analyse est présenté en détail à l'étape 5 puisqu'il suit la même logique que l'analyse « interne » des forces et faiblesses d'une marque. Vous comprendrez encore mieux l'intérêt de l'analyse concurrentielle lors de l'étape 8, quand il sera question d'établir le positionnement de la marque dont la clé est la différenciation.

3 Les distributeurs, des intermédiaires clés

L'analyse des différents acteurs qui coexistent sur un marché n'est pas complète sans l'étude de l'intermédiaire entre les marques et les consommateurs : les distributeurs.

Pour les produits alimentaires, les grandes surfaces représentent 2/3 du marché (Insee, parts de marché du commerce de détail, 2008)

Les circuits : une distribution de plus en plus concentrée

Si les commerces qui vendent les produits et services que vous achetez restent de taille et d'apparence variées, la tendance actuelle est à une distribution de plus en plus concentrée : le petit commerce indépendant d'autrefois tend à disparaître au profit d'enseignes implantées dans toute la France, et souvent même à l'international. Ces grandes enseignes remplissent en même temps les deux fonctions clés du distributeur : elles constituent l'offre en sélectionnant et achetant les produits à travers la centrale d'achat (c'est le commerce « de gros ») ; elles mettent cette offre à disposition des consommateurs dans leurs points de vente (c'est le commerce « de détail »). Quand les fonctions de gros et de détail sont assurées par les mêmes entreprises, on parle de commerce intégré.

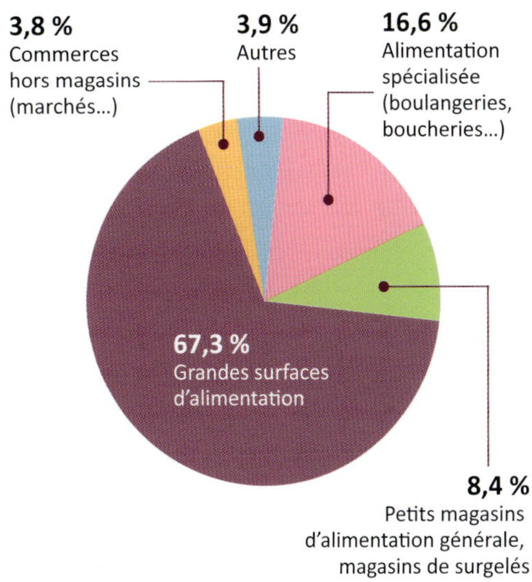

Est-ce à dire que le commerce indépendant n'existe plus ? pas complètement car 40 % de l'ensemble des commerces sont en fait des groupements de commerçants indépendants, rassemblés sous une seule bannière pour mettre en commun leurs moyens et disposer d'une centrale d'achat et d'une politique de communication mutualisée. Pour autant, ces distributeurs revendiquent leur esprit de « commerçants » et leur proximité plus grande avec leurs clients. Au cours des dernières années ces groupements affichent des performances supérieures à celle des autres enseignes.

Intermarché (les Mousquetaires) et U (les Nouveaux Commerçants) sont des enseignes du commerce associé ; de même que les Centres Leclerc, Intersport, Monsieur Bricolage, Optic 2000, Jouéclub...

Histoire

L'invention du « grand commerce moderne »

Dès leur apparition au XIXe siècle, les formes modernes de commerce ont rencontré une farouche opposition de la part du petit commerce traditionnel, comme en témoigne le « Bonheur des Dames » d'Émile Zola, inspiré de la création du Bon Marché par Aristide Boucicaut en 1852. L'idée d'améliorer l'efficacité de la distribution des biens industriels en l'organisant à grande échelle a pourtant fait son chemin. Même si elle a toujours ses détracteurs, qui fustigent, parfois à juste titre, son impact sur l'économie et la société (inflation, endettement des ménages, pression sur les producteurs, précarisation du travail, enlaidissement des abords des grandes villes...), elle répond aux attentes et aux besoins de la majorité des ménages qui n'imagineraient plus faire leurs courses autrement.

Les principales étapes de cette évolution :

– Fin du XIXe siècle : les premières chaînes de magasins (Félix Potin, Casino...).

– 1949 : ouverture du premier centre Leclerc. Édouard Leclerc, son fondateur, invente l'idée de la centrale d'achat qui réunit des commerçants indépendants pour obtenir de meilleurs tarifs auprès des industriels.

– 1963 : ouverture du premier hypermarché, sous l'enseigne Carrefour, en région parisienne. L'idée d'offrir « tout sous un même toit », de l'alimentaire aux vêtements, dans une très grande surface accessible en voiture, fait la révolution à l'époque...

– 1969 : ouverture de Parly 2 en région parisienne, le premier centre commercial français, inspiré des *malls* américains.

– 1990 : apparition en France des enseignes de *hard discount* (Aldi, Lidl...) qui modifient durablement le paysage concurrentiel.

– 1998 : début du commerce en ligne... c'est une nouvelle ère qui commence.

Différents profils de distributeurs

Deux grands types de commerces se partagent les parts de marché pour la plupart des produits :

- Les distributeurs généralistes, principalement les hypermarchés, dont le métier est de « vendre de tout sous un même toit » : ils offrent un choix limité et des prix attractifs.
- Les distributeurs spécialisés, en grandes surfaces de périphérie ou petits commerces de centre-ville. Ils allient choix, expertise et service.

Si la vente de produits s'effectue principalement en magasins, les circuits de vente à distance ont un poids croissant grâce au fort développement de la vente par internet. Historiquement la vente « hors magasin » s'effectuait par les catalogues de vente par correspondance (la Redoute), et plus rarement par démarchage à domicile, vente par réunion (Tupperware), par téléphone, par téléachat... L'extraordinaire développement de la vente en ligne au cours des quinze dernières années a été rendu possible grâce au développement de l'usage d'internet – notamment en haut débit – et à la sécurisation des paiements à distance. Il concerne désormais tous types de produits et de services : voyages, musique, biens d'équipement, culture, habillement...

20 millions de Français font des achats sur internet

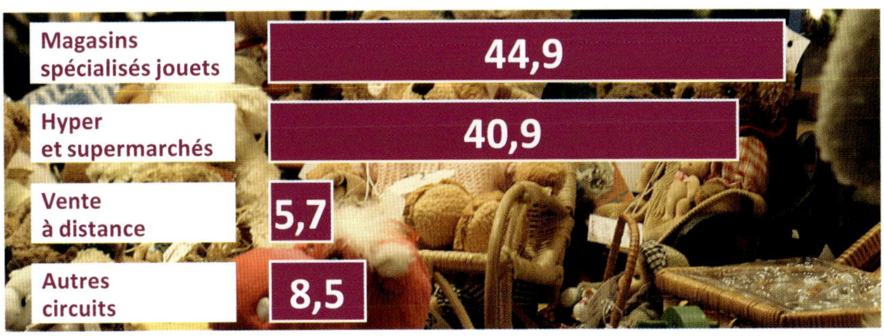

Distributeurs généralistes et spécialisés à part égale sur le marché du jouet ! (Institut NPD, parts de marché en % des circuits de distribution sur le marché du jouet en France, 2009)

> Même les chaussures se vendent en ligne sur des sites comme sarenza.com, qui offre un choix de modèles et de tailles infiniment supérieur à n'importe quel magasin. Son succès repose sur la possibilité de renvoyer les chaussures sans frais si elles ne conviennent pas.

Distributeurs généralistes ou spécialisés, en ligne ou en magasin, font face depuis bientôt trente ans à la montée en puissance d'un nouveau type de concurrents : les discounters. Ils sont apparus d'abord dans la distribution alimentaire (enseignes Aldi, Lidl, ED, Leader Price...), où ils représentent aujourd'hui environ 14 % des achats des Français. Le concept s'est ensuite étendu au non-alimentaire, en magasins (Brico Dépôt, VêtAffaires, Gifi...) ou en ligne (CDiscount...). Les consommateurs plébiscitent l'idée de payer le juste prix, et d'économiser sur la décoration des magasins, les services offerts ou le choix entre de nombreuses grandes marques.

La stratégie des distributeurs

Le rôle que jouent les distributeurs sur un marché ne se limite pas à l'impact de leur nombre ou de leur organisation. Il est aussi lié aux stratégies qu'ils développent, notamment les axes de différenciation qu'ils choisissent de mettre en avant et la place qu'ils accordent aux grandes marques.

■ Les axes de différenciations

Comme la plupart des entreprises, les enseignes de la distribution essaient de séduire des clients repus dans un contexte fortement concurrentiel. Elles ont donc besoin de se démarquer les unes des autres pour capter l'attention de leurs clients potentiels. Offrir des prix bas est fréquemment évoqué parmi les promesses des distributeurs. C'est un argument important, qui répond aux attentes des clients actuels mais qui ne suffit plus à assurer à soi tout seul une réelle différenciation. D'autres stratégies de différenciation consistent à se démarquer par un service performant (Darty et le « contrat de confiance »), une organisation pratique qui facilite la vie des clients (Auchan Drive), une orientation vers l'écologie et le développement durable (Botanic), un choix inégalé (Lavinia)...

Mot-clé

Les marques de distributeurs (ou marques propres, ou MDD) sont des gammes de produits développées par une enseigne et vendues exclusivement dans cette enseigne.

■ La place accordée aux grandes marques par rapport à l'offre en nom propre

Le fait d'ouvrir ses points de vente aux grandes marques ne va plus de soi depuis 1976, année où Carrefour invente le concept de « marque de distributeur » **mot-clé**.

Si à l'origine les « MDD » ont surtout servi à offrir une alternative bon marché aux grandes marques, dont elles étaient de simples imitations, elles sont devenues depuis quelques années un outil de différenciation et de fidélisation essentiel pour les enseignes.

Technique

Pour les produits de consommation courante, les MDD sont segmentées en trois types :
- **Les MDD classiques**, offrant des produits de qualité à un prix environ 30 % moins cher que les grandes marques.
- **Les MDD économiques**, destinées à être les moins chères du marché et à concurrencer les produits des magasins de hard discount.
- **Les MDD thématiques**, avec une forte valeur ajoutée et une vraie politique d'innovation : produits bio, équitables, épicerie fine…

Les distributeurs spécialisés possèdent également des marques propres qui peuvent afficher de belles performances.

> Les marques propres de Décathlon (Quechua, Kalenji, Domyos, Tribord…) représentent plus de la moitié de son chiffre d'affaires, certains produits sont des best sellers comme la tente instantanée Quechua.

À l'extrême limite, certaines enseignes ne vendent plus que leurs marques propres et ferment leurs rayons aux marques des industriels. Ces « marques-enseignes » deviennent ainsi des acteurs clés sur leur marché, car elles sont à la fois reconnues pour leurs produits et pour l'expérience d'achat qu'elles offrent. Ikea, Zara, H&M, Gap, Celio, Yves Rocher, l'Occitane sont des marques-enseignes. Leur nombre grossit sans cesse. Une étude récente montre que les distributeurs les plus performants à l'échelle mondiale sont des marques enseignes, car elles maîtrisent la conception de leur offre.

Les MDD chez Casino, une arme de différenciation

A vous de jouer !

1. Eléonore lance à Nice un atelier qui propose des cours de cuisine. Quelle action de communication lui conseillez-vous de mener en priorité ?

a. Organiser une campagne publicitaire sur les radios locales.

b. Inviter les journalistes de Nice Matin à un atelier « macarons ».

c. Offrir aux premiers participants des bons de réduction pour leurs amis.

2. Solène gère un petit magasin de vêtements dont les ventes ont du mal à décoller. Une étude menée auprès des femmes habitant le quartier montre que 75 % d'entre elles pensent que les produits vendus sont de mauvaise qualité. Qu'en pensez-vous ?

a. Ce n'est pas grave car ce n'est pas vrai : Solène sait bien que les vêtements qu'elle vend sont très solides !

b. C'est ennuyeux car ce n'est pas facile de faire évoluer ce type de jugement. Il va falloir communiquer et mettre en avant la qualité des produits.

c. C'est une catastrophe, cela prouve que la cible n'est pas du tout adaptée au produit. Il ne reste qu'à mettre la clé sous la porte.

3. Bérengère a lancé une gamme de produits de maquillage très colorés. Une amie étudiante lui propose de réaliser une étude auprès de ses clientes.

a. C'est l'occasion de leur demander si elles sont contentes des produits à l'usage, et comment on peut les améliorer.

b. Cela permettra de savoir de quelles couleurs elles rêvent pour les prochaines collections.

c. Ce n'est pas très utile : dans le domaine de la mode il n'y a que les tendances qui comptent.

4. La part de marché de Peugeot en Europe se calcule selon la formule :

a. Ventes de Peugeot en France/ventes de Peugeot en Europe.

b. Ventes de Peugeot en Europe/ventes de tous les constructeurs en Europe.

c. Ventes de Peugeot en Europe/ventes de Peugeot dans le monde.

d. Ventes de Peugeot en Europe/ventes de tous les constructeurs dans le monde.

5. Julien doit effectuer une étude du marché des essuie-glaces. À quels circuits de distribution doit-il s'intéresser ?

a. Les hypermarchés.

b. Les enseignes spécialisées dans les accessoires automobiles (Norauto, Feu Vert…).

c. Les « casse auto » qui vendent des pièces détachées d'occasion.

Solutions

Question 1 : c. Les clients potentiels d'Eléonore vont avoir plus confiance dans une source d'information personnelle (la recommandation de leurs amis) que dans une source publique ou commerciale. Mais l'idéal est de mener les trois actions !

Question 2 : b. L'attitude des consommateurs prédispose plus ou moins à acheter un produit. On peut faire évoluer les attitudes de manière favorable à l'aide d'une communication adaptée.

Question 3 : a. C'est très important de mesurer la satisfaction des clients, cela conditionne les ventes futures.

Question 4 : b.

Question 5 : a, b et c. Tous ces circuits de distribution vendent des accessoires automobiles.

Étape 5

Établir un diagnostic marketing

Bien repérer le problème pour mieux le résoudre

L'étape 5 en un clin d'œil

1 Faire le bilan des opportunités et menaces du marché

Faire le bilan des opportunités et menaces consiste à analyser et synthétiser les points clés concernant le marché, son environnement et ses principaux acteurs : consommateurs, concurrents et distributeurs.

2 Identifier ses propres atouts

Identifier ses propres atouts, c'est se concentrer sur l'analyse des forces et des faiblesses de son entreprise, de sa marque, de sa stratégie marketing actuelle, ainsi que des éléments du mix marketing : produit, prix, distribution et communication.

3 Formuler le diagnostic marketing

Formuler le diagnostic marketing, c'est tout simplement croiser les opportunités et les menaces identifiées sur le marché avec les forces et les faiblesses caractéristiques de la marque. L'intérêt de ce diagnostic réside dans sa lisibilité : si l'analyse a été bien faite, les enjeux clés doivent sauter aux yeux !

La marque d'articles de sport **adidas** sert d'exemple fil rouge tout au long de cette 5e étape. Dans un marché des articles de sport fortement concurrentiel et innovant, adidas, la marque aux trois bandes, doit affronter la concurrence frontale de Nike mais également celle de marques de distributeurs de plus en plus performantes. Établir un diagnostic précis de la situation et bien cerner la problématique adidas constituent le préalable indispensable à la mise en œuvre d'un plan d'action efficace. L'exemple adidas fait référence aux actions marketing initiées par la marque en 2005.

1 Faire le bilan des opportunités et menaces du marché

Le diagnostic marketing se situe au moment charnière où l'on passe de la réflexion à l'action : il permet en effet de formuler clairement la problématique de l'entreprise et de la marque sur son marché. La stratégie et l'action marketing se déroulent ensuite à partir de cette problématique, avec d'autant plus d'efficacité que les enjeux auront été bien cernés.

L'étude du marché (*cf.* étape 3) et celle de ses différents acteurs (*cf.* étape 4) servent de matière première au diagnostic marketing. Le principe est de repérer, parmi les informations détaillées qui sont rassemblées sur ces différents sujets, les points essentiels, stratégiques, qui constituent des facteurs favorables (opportunités) ou au contraire des freins (menaces) pour la marque.

Les opportunités et menaces liées au marché et à son environnement

■ Le marché : taille, structure et évolution

Ces opportunités ou menaces peuvent être liées à la taille du marché. L'analyse de la structure du marché permet d'identifier les segments porteurs et ceux qui sont sinistrés. Enfin, l'analyse de la dynamique du marché (opportunité) ou au contraire sa tendance au recul (menace) est riche d'enseignements.

Explosion de la pratique sportive !

Le marché des articles de sport est un marché majeur : la consommation des ménages en biens sportifs est de 8,8 milliards d'euros en France en 2005.

Le marché des articles de sport s'articule autour de deux grandes familles de produits : les vêtements et chaussures de sport (3,8 milliards) et les biens d'équipements (skis, raquettes, ballons… pour un total de 5 milliards).

Le textile représente plus de 30 % du marché total du sport et il est plus important que la chaussure.

Le marché des articles de sports est en progression en raison d'un engouement pour la pratique sportive : la consommation des ménages en biens sportifs a augmenté de 6 % entre 2003 et 2005, en valeur. (INSEE – site du ministère de la Santé et des Sports)

L'environnement du marché

Les facteurs d'environnement (légal et politique, économique et démographique, socioculturel et technologique) peuvent exercer une influence favorable ou non : une nouvelle réglementation peut être une opportunité pour certaines entreprises et une menace pour d'autres.

> La crise économique et le sentiment de morosité qu'elle engendre sont une menace pour la majorité des marques, mais une formidable opportunité pour les acteurs du *low cost* et du *discount*.

Tous les facteurs d'environnement sont favorables au marché des articles de sport. Les tendances sociétales et l'évolution des modes de vie incitent les Français à faire plus de sport et donc à consommer les produits qui vont avec : augmentation du temps libre, souci du corps et du bien-être, valorisation de la pratique sportive auprès du grand public, à travers la médiatisation des événements sportifs, mode du *sportswear* et des looks informels…

Les opportunités et menaces liées aux acteurs du marché

De plus en plus de femmes pratiquant un sport

Les consommateurs

Les opportunités et menaces liées au consommateur se déduisent de l'évolution des comportements (taux de pénétration, d'équipement, fréquence d'achat, budget…) et des attitudes (motivations, freins, critères de choix…). Elles peuvent porter sur l'ensemble de la clientèle du marché ou n'en caractériser qu'une partie (un segment de clientèle).

> Les Français partent en vacances moins longtemps mais plus souvent, ils apprécient de plus en plus les hébergements informels et conviviaux (chambres d'hôtes ou hôtels de charme).

Caractéristiques des consommateurs

Les consommateurs sont nombreux sur le marché des articles de sport : 71 % des Français de plus de 15 ans, soit 34 millions de Français, pratiquent un sport en 2003 (Insee).
Les hommes sont majoritaires : 79 % des hommes pratiquent un sport et le nombre d'adhérents augmente dans les clubs sportifs.
Mais les femmes sont de plus en plus nombreuses : 64 % des femmes pratiquent un sport, soit 18 millions de femmes, qui représentent ainsi 48 % du total des sportifs. Mais elles ne représentent que 35 % des dépenses liées au sport en 2005. Elles constituent ainsi un potentiel important d'achats futurs et de croissance pour le marché.

Comportement des consommateurs

Les hommes pratiquent le sport avec un fort esprit de compétition et de dépassement de soi. Concernant les articles de sport, leurs attentes sont claires :
– Soit ils veulent « le meilleur du sport », c'est-à-dire des produits de marque avec un fort imaginaire, qui passe par un niveau élevé de technicité et de performance sportive, ou par l'image mode de la marque.
– Soit ils recherchent des produits plus accessibles : classiques, confortables, fonctionnels ou économiques. Ainsi, certains consommateurs décomplexés se tournent vers les marques de distributeurs.
Les femmes pratiquent le sport dans une démarche plus personnelle que les hommes : elles s'investissent moins dans les clubs et la compétition en équipes. Elles sont à la recherche d'équilibre, de bien-être et de forme. **Elles ne veulent pas sacrifier leur apparence, voire leur élégance dans l'effort :** si certaines femmes, à l'instar des hommes, se contentent d'articles de sport fonctionnels sans connotation mode, on observe le poids croissant sur le marché de consommatrices avec des attentes spécifiques et un potentiel de dépense important : les « sportives stylées » qui veulent des équipements à la fois stylés et performants. Ces femmes dépensent beaucoup et servent de modèles dans leur entourage.

■ Les concurrents

Les concurrents constituent généralement une menace, surtout quand ils sont dynamiques, innovants, organisés, puissants… Les difficultés structurelles ou occasionnelles rencontrées par l'un d'entre eux peuvent être analysées comme une opportunité, de même que leur absence sur un segment clé du marché.

Positions concurrentielles

L'analyse commence par l'observation des positions concurrentielles occupées par les différents protagonistes (*cf.* étape 4).

Positions concurrentielles sur le marché des articles de sport : adidas et Nike sont les deux principales marques spécialisées. Elles sont co-leaders devant les challengers Puma et Reebok.
Les marques de distributeurs représentent un poids non négligeable. Elles sont considérées comme des marques de bon rapport qualité/prix et répondent bien aux besoins des consommateurs à la recherche de produits fonctionnels, qui hésitent de plus en plus à payer le prix des grandes marques.
De nombreux concurrents indirects sont présents comme les marques de *streetwear* et *urbanwear*, voire même toutes les marques de vêtements.

Forces et faiblesses des concurrents

L'analyse se poursuit en évaluant les forces et les faiblesses des principaux concurrents au niveau des ressources internes, des atouts mis en avant pour séduire les consommateurs visés et du marketing mix (4 P).

Forces et faiblesses des concurrents sur le marché des articles de sport pour femmes : Nike a développé très tôt ses gammes de produits « Nike Women », mises en scène de manière spécifique dans les magasins de la marque (concept Nike Goddess) et en cherchant à concilier style et performance. De plus en plus de marques de sport développent des produits spécifiques pour les femmes, comme Roxy, Ripcurl ou les skis Dynastar. L'offre présentée joue donc de plus en plus sur le terrain de la mode. Parallèlement, les marques de mode, notamment dans l'univers du luxe, créent des lignes sport pour leurs clientes : Chanel, Rykiel, Armani, Prada... L'offre dédiée aux femmes s'élargit donc rapidement.

Les distributeurs

Performance des circuits de distribution

Les opportunités et les menaces liées aux distributeurs reposent sur la performance des différents circuits ou enseignes de distribution sur le marché.

L'apparition d'un nouveau circuit de distribution, comme le e-commerce, peut constituer une formidable opportunité pour une PME souhaitant exporter ses produits au niveau mondial.

Le déclin d'un circuit traditionnel, comme les merceries, constitue une menace pour une entreprise commercialisant des kits de broderie, produits nécessitant le conseil d'un vendeur.

La distribution des articles de sport est diversifiée : Les grandes surfaces spécialisées comme Décathlon, Intersport et Go Sport représentent près de la moitié des ventes et distribuent les grandes marques comme leurs propres marques de distributeurs. Les magasins non spécialisés comme les hypermarchés, les grands magasins ou la vente par correspondance pèsent moins du tiers des ventes. Le reste est commercialisé par des petits magasins franchisés, les magasins des marques comme adidas Concept Stores et par internet. (Xerfi 2006)

Stratégies des distributeurs

Les opportunités et menaces des distributeurs découlent également des stratégies mises en place par ces derniers. Au-delà de leur éventuelle menace concurrentielle à travers leur politique de marques propres, ils peuvent encourager ou au contraire freiner le développement d'une marque par leur politique d'assortiment, de prix, de merchandising, de service, de e-commerce…

Un distributeur soucieux d'offrir un large choix à ses clients est une opportunité pour les petites marques, avec une faible part de marché. Un distributeur *low cost* qui réduit au minimum la présence de force de vente est une menace pour les marques qui vendent des produits techniques, nécessitant démonstrations et explications.

Les distributeurs spécialisés dans les articles de sport sont dangereux pour les grandes marques nationales.
À la fois distributeurs et concurrents, ils ont une position ambiguë et dangereuse pour les marques nationales. Rien ne les empêche de se servir d'adidas ou de Nike comme produit d'appel pour attirer les consommateurs, et ensuite de les orienter vers leurs marques propres.

2 Identifier ses propres atouts

Le diagnostic externe, constitué des opportunités et menaces du marché, se complète par la vision de l'interne, au niveau de l'entreprise puis de la marque. Le but est de repérer les points forts de la marque qui lui permettront de se différencier de la concurrence et serviront de base à la stratégie marketing, et les points faibles qu'il faudra compenser.

Les forces et faiblesses au niveau de l'entreprise

Une marque n'existe pas de manière autonome à l'égard de l'entreprise qui la possède. L'entreprise apporte des ressources (financières, humaines, industrielles), des compétences sur lesquelles la marque peut s'appuyer et dont les marques concurrentes ne bénéficient pas forcément. L'image de l'entreprise et son engagement (ou au contraire ses mauvaises pratiques) sur des sujets liés à la société, au développement durable ou à l'environnement, ne sont pas neutres pour la stratégie marketing de ses marques.

> Ainsi, le lancement d'une gamme écologique par une marque sera d'autant plus crédible que l'entreprise est elle-même impliquée et reconnue pour ses actions en faveur de l'environnement.

Histoire de l'entreprise

L'histoire de l'entreprise est une mine d'éléments intéressants d'un point de vue marketing : innovations majeures, lancements de produits, de marques...

Le groupe adidas connaît un développement continu
Le groupe est fondé en 1920 en Allemagne. En 1997, le groupe acquiert le fabriquant de ski Salomon, mais s'en sépare après huit ans, les profits escomptés n'étant pas au rendez-vous. En 2005, la société achète Reebok pour renforcer la puissance du groupe au niveau mondial. (*Les Échos* – 11 juillet 2008)

Chiffres clés de l'entreprise

Ces chiffres clés (ventes en volume, chiffre d'affaires, indicateurs de rentabilité...) permettent d'évaluer les ressources que l'entreprise pourra attribuer au développement de sa marque : plus l'entreprise est importante et rentable, plus elle sera prête à investir.

Le groupe adidas est une entreprise d'envergure internationale
N° 1 en France et N° 2 mondial derrière Nike, avec un chiffre d'affaires de 6,6 milliards d'euros en 2005, en progression régulière (+ 13 % par rapport à 2004) et un bénéfice net de 383 millions d'euros en 2005 (+ 22 %). (site adidas group)

■ Activités de l'entreprise

L'analyse des différentes activités de l'entreprise et de leur poids dans le chiffre d'affaires total permet de comprendre ses axes de développement prioritaires et les synergies possibles avec l'activité étudiée.

Les deux principales activités d'adidas sont les chaussures et le textile de sport et de *life style*.

■ Facteurs clés de succès

Les facteurs clés de succès sont les compétences particulières de l'entreprise qui permettent de la différencier des concurrents : notoriété ou prestige des marques, savoir-faire technologique, brevets, outils industriels ou encore performances commerciales.

Le groupe adidas possède deux marques connues et avec une image forte auprès des consommateurs : adidas et Reebok. Le groupe adidas met en place une politique d'innovations permanentes.

Les forces et faiblesses liées à la stratégie de la marque

L'objectif est de porter un regard critique et réaliste sur la stratégie mise en place par la marque pour en garder le meilleur et corriger ce qui doit l'être. Cette analyse passe par l'étude de différents indicateurs stratégiques qui permettent de situer les performances de la marque par rapport à ses concurrents.

■ La marque occupe-t-elle une position satisfaisante sur le marché ?

Il s'agit principalement de déterminer si la position concurrentielle (*cf.* étape 4) de la marque sur son marché est satisfaisante. Bien sûr, la position de leader est la position la plus enviée… mais une position de spécialiste, avec une part de marché faible mais défendable, est tout aussi intéressante.

adidas est actuellement la marque nationale leader du marché des articles de sport. adidas a des concurrents directs dangereux mais un seul vrai rival : Nike.

Technique

Les indicateurs de mesure de la notoriété

Notoriété *top of mind* : pourcentage de personnes qui citent spontanément la marque en premier (à la question « quelles marques de tel marché connaissez-vous ?). Une notoriété *top of mind* élevée indique une marque très présente à l'esprit.

Notoriété spontanée : pourcentage de personnes capables de citer spontanément la marque. Une notoriété spontanée élevée indique une marque largement connue.

Notoriété assistée : pourcentage de personnes interrogées qui reconnaissent la marque, parmi une liste de marques. Une notoriété assistée élevée est la caractéristique d'une marque reconnue.

La marque touche-t-elle les bons consommateurs ?

Le point principal consiste à déterminer si les consommateurs actuels de la marque suffisent ou, au contraire, si la marque doit élargir sa cible.

adidas séduit la clientèle des hommes : adidas a longtemps orienté ses efforts marketing vers les sportifs de haut niveau, valorisant la performance et la technicité.

La marque se différencie-t-elle suffisamment de ses concurrents ?

Il s'agit de repérer ce que les consommateurs perçoivent en positif ou en négatif sur la marque ou le produit. Pour effectuer cette analyse, le marketeur étudie les attitudes des consommateurs à l'égard des marques. Les attitudes favorables constituent une performance en soi car elles expriment une bonne prédisposition à acheter la marque.

- **La notoriété :** est-ce que la marque est connue ?

À la question de notoriété spontanée « pouvez-vous citer trois villes de Champagne Ardenne », 88 % des interviewés citent spontanément Reims mais seulement 34 % citent Epernay. La ville de Reims, citée le plus souvent en premier, est la marque *top of mind.* À la question de notoriété assistée « parmi les villes et sites suivants de Champagne Ardenne, quels sont ceux que vous connaissez, ne serait-ce que de nom ? », 96 % connaissent Reims et 85 % connaissent Epernay (enquête Novamétrie 2007 auprès de 1 135 individus).

- **L'image :** comment la marque est-elle perçue par les consommateurs, sur différents critères ? Qualité, solidité, performance, praticité… la liste peut être longue et spécifique à chaque marché.
- **L'appréciation :** cette marque est-elle plus ou moins aimée que ses concurrentes ? Fait-elle partie de celles que les consommateurs ont envie d'acheter ?
- **La satisfaction :** les clients de cette marque sont-ils contents ?

adidas est une marque connue et bénéficie d'une bonne image de marque : adidas est la marque préférée des Français, tous secteurs confondus (sondage LH2 auprès d'un échantillon national représentatif de 1 050 individus). **adidas a une bonne image auprès des hommes,** liée à l'univers du foot. Au début des années 2000, la marque est faiblement associée à la pratique féminine du sport, contrairement à Nike et à d'autres marques plus proches de l'univers de la mode.

Les forces et faiblesses liées au mix marketing : produit, prix, distribution et communication

■ Au niveau des produits

Quels sont les avantages concurrentiels des produits ? Sont-ils suffisamment distinctifs par rapport aux concurrents ? Le packaging est-il attirant ? La gamme est-elle assez complète ? Les innovations sont-elles assez nombreuses ?

adidas offre des produits innovants : adidas possède une expertise technique et pratique une politique d'innovations permanentes. La marque couvre un grand nombre de disciplines sportives différentes. Elle propose des vêtements et équipements pour les femmes mais, à cette époque, sans effort particulier au niveau de la mode.

■ Au niveau du prix

Les prix sont-ils optimum par rapport aux concurrents et aux consommateurs ?

adidas possède un prix élevé… mais justifié : les prix d'adidas sont supérieurs à ceux des marques de distributeurs, même si les caractéristiques techniques des produits sont parfois équivalentes ; la politique de prix premium est justifiée par l'image de la marque.

■ Au niveau de la distribution

La distribution est-elle adaptée à la marque et aux produits ? Permet-elle de toucher assez de consommateurs potentiels ? Nos produits sont-ils assez mis en valeur dans les magasins ?

adidas possède une distribution variée : adidas est présent dans les grandes surfaces spécialisées du sport comme Décathlon, Intersport et Go sport, mais possède aussi des magasins en nom propre comme le grand magasin adidas sur les Champs Élysées, positif pour l'image d'adidas.

Le magasin adidas sur les Champs Élysées à Paris

Signature
Impossible is nothing
par David Beckham

■ Au niveau de la communication

Le message publicitaire est-il clair ? Les investissements en communication sont-ils suffisants ?

> **adidas a une communication performante :** adidas a des signatures emblématiques (*Impossible is nothing*), noue des partenariats avec des sportifs de haut niveau, investit massivement en communication… mais sa communication reste axée sur l'univers masculin du foot.

3 Formuler le diagnostic marketing

Quand on croise les opportunités et les menaces identifiées sur le marché avec les forces et les faiblesses caractéristiques de la marque, on effectue… un **diagnostic marketing**. L'intérêt de cette présentation réside dans sa lisibilité : si l'analyse a été bien faite, les enjeux clés doivent sauter aux yeux !

Poser un diagnostic sous forme de matrice SWOT

Poser un diagnostic sous forme de matrice SWOT > mot-clé, c'est indiquer les forces sur lesquelles doit s'appuyer une marque et les faiblesses qu'elle doit combler, pour saisir les opportunités du marché et faire face aux menaces. C'est donc effectuer une sélection judicieuse, ordonnée et pertinente des points vus dans les diagnostics du marché et des acteurs d'une part, et des points du diagnostic des forces et des faiblesses de l'entreprise et de la marque d'autre part. Ces points sont ensuite explicitement pris en compte dans les recommandations stratégiques. La matrice SWOT est couramment utilisée par les entreprises.

La matrice SWOT détaillée telle qu'on l'utilise en marketing

Opportunités	Menaces
Le marché et son environnement	
Les consommateurs	
Les concurrents	
Les distributeurs	

Forces	Faiblesses
L'entreprise	
La stratégie de la marque	
Le mix marketing actuel	

La matrice SWOT pour adidas :

• Analyse externe : le marché des articles de sport

Opportunités	Menaces
Le marché	
Marché important et en progression rapide	
Potentiel de croissance du textile	
Nombreux facteurs d'environnement favorables	
Les consommateurs	
Développement de la pratique sportive et des achats de la clientèle féminine	Hommes gros consommateurs mais saturation croissante
Attentes spécifiques des femmes qui ne dissocient pas mode et sport	Une partie croissante des consommateurs privilégie le fonctionnel et le rapport qualité / prix
Les concurrents	
	Nike bien placé pour offrir des produits alliant sport et mode, notamment pour les femmes
	Menace des MDD sur la clientèle en attente de fonctionnalité
	Marques de mode et de luxe se développent
Les distributeurs	
Succès des magasins de marques, qui permettent de présenter l'offre de manière qualitative	Les enseignes spécialisées multimarques accordent une place croissante à leurs marques propres et laissent moins de place aux grandes marques pour exprimer leurs concepts « mode »

• Analyse interne : la marque adidas (en 2005)

Forces	Faiblesses
L'entreprise	
Entreprise importante, rentable, experte et innovante	
La stratégie de la marque	
Leader en France Excellente notoriété et très bonne image Marque associée aux sportifs de haut niveau, symbole de performance et de technicité	Clientèle masculine et perception de adidas très liées à l'univers du foot ; peu d'affinité avec les femmes et leur approche du sport
Le marketing mix en 2005	
Offre large (nombreuses disciplines) et innovante	Pas de réflexion particulière sur la mode.
Prix justifiés par fort imaginaire de marque et qualité des produits	Prix élevés
Distribution large, notamment magasins en propre	
Communication performante et investissements très importants	Communication essentiellement à travers l'univers du foot

Mot-clé

La matrice SWOT est un outil d'analyse stratégique qui permet d'organiser les informations de manière à faire ressortir les enjeux clés pour une marque sur un marché donné. Chaque lettre (S, W, O, T) correspond à une case du tableau :
S (STRENGTHS) : FORCES de la marque.
W (WEAKNESSES) : FAIBLESSES de la marque.
O (OPPORTUNITIES) : OPPORTUNITÉS du marché.
T (THREATS) : MENACES du marché.

Astuce

Poser un diagnostic marketing, c'est interpréter l'ensemble des éléments constatés dans l'analyse… comme le fait un médecin face aux symptômes de ses patients.

Que met en évidence ce tableau SWOT pour adidas ?
Sur un marché des articles de sport en expansion mais concurrentiel, le principal relais de croissance auquel s'intéressent toutes les marques est la clientèle féminine. Cette clientèle n'a pas exactement les mêmes attentes que les hommes : elle recherche la performance, certes, mais sans vouloir renoncer à la mode et au style des produits. Les marques de mode l'ont d'ailleurs bien compris…
La marque adidas est leader sur ce marché. Les clients actuels sont principalement les hommes, recherchant performance et prestige de la marque (nourri par la communication et les partenariats dans l'univers du foot). adidas est une marque connue, possédant une bonne image, innovante et bien implantée sur le marché, y compris au niveau de la distribution… mais elle a peu d'arguments « mode » à mettre en avant pour séduire la clientèle féminine.

Mot-clé

La problématique marketing est le problème majeur ou la situation particulière que la marque doit résoudre.

Formuler la problématique de la marque

Le diagnostic posé à travers la matrice SWOT aboutit à une problématique **> mot-clé**.

Faire émerger une problématique revient à identifier la situation particulière ou le problème majeur de la marque dans un contexte de marché : comment maintenir ou développer une force de la marque, comment remédier à une faiblesse de la marque, comment saisir les opportunités du marché en les priorisant, comment contrer les menaces du marché ?

La problématique peut être implicite mais sa formulation est un point de départ intéressant pour la construction de la stratégie marketing que vous allez découvrir lors des étapes suivantes.

Le tennis féminin by Stella McCartney

Piège à éviter

Formuler une problématique générale du style « comment devenir leader ? », « Comment contrer les concurrents ? », « Comment regagner des parts de marché ? »…
Quand la problématique peut s'appliquer à toutes les marques du marché c'est que l'analyse n'est pas assez perspicace !

La collection adidas by Stella McCartney

La problématique d'adidas peut se résumer ainsi : Comment la marque adidas peut-elle s'attaquer à la clientèle féminine, segment de marché à potentiel… en capitalisant sur ses points forts historiques (performance, technicité, sportifs de haut niveau…) mais en développant la dimension mode qui aujourd'hui lui fait défaut pour approcher et séduire cette clientèle ?
C'est grâce au diagnostic marketing résumé ci-dessus que la marque adidas décide en 2005 de partir à la conquête de la clientèle féminine en lançant le « prêt-à-sporter », l'alliance du sport et de l'élégance. Au-delà de ses collections dédiées aux femmes, adidas développe ainsi, en partenariat avec la célèbre styliste Stella McCartney, la collection d'articles de sport adidas by Stella McCartney, conçue spécifiquement pour les femmes et offrant à la fois de la performance et du style. adidas collabore également avec de nombreuses athlètes féminines.

Astuce

« Problématique » ne veut pas forcément dire « problème ». Même les marques les plus performantes ont une problématique qui consiste généralement… à le rester !

A vous de jouer !

1. Anne dirige une maison d'édition spécialisée dans les romans policiers. Son principal concurrent, leader du marché, signe un accord avec la plus grosse chaîne de libraires pour créer un espace dédié à ses nouveautés en exclusivité dans chaque magasin. Pour Anne…

a. C'est une opportunité.

b. C'est une menace.

c. C'est une force.

d. C'est une faiblesse.

2. Alexandre est le patron de la pizzeria Dolce Italia. Une enquête menée par des étudiants révèle que les habitants du quartier trouvent que les pizzas d'Alexandre sont meilleures que celles des restaurants environnants. Pour Alexandre…

a. C'est une opportunité.

b. C'est une menace.

c. C'est une force.

d. C'est une faiblesse.

3. Luce tient un salon de coiffure en franchise sous l'enseigne « Cheveux d'Or ». La presse révèle que le propriétaire de la franchise Cheveux d'Or, qui fréquente un top model renommé, l'oblige à se teindre en blonde pour faire la promotion de sa marque. Les associations féministes montent au créneau. Pour Luce…

a. C'est une opportunité.

b. C'est une menace.

c. C'est une force.

d. C'est une faiblesse.

4. Suzanne fabrique une ligne de cosmétiques à base de plantes, dont le produit phare est à base de grenade. Justement la grenade est le fruit à la mode du moment, en raison de ses propriétés anti oxydantes. Pour Suzanne…

a. C'est une opportunité.

b. C'est une menace.

c. C'est une force.

d. C'est une faiblesse.

5. Jean-Claude tient un petit magasin de photos spécialisé dans le haut de gamme et les appareils très techniques. Ses clients apprécient la qualité de ses conseils. Il lit dans la presse que le marché est de plus en plus porté vers les appareils numériques reflex, plus élaborés que les simples compacts. Pour Jean-Claude…

a. C'est une opportunité.

b. C'est une menace.

c. C'est une force.

d. C'est une faiblesse.

Solutions

Question 1 : b. C'est une menace liée à la fois aux concurrents et aux distributeurs.

Question 2 : c. C'est une force qui repose sur la performance de la variable produit.

Question 3 : d. C'est une faiblesse car cette affaire entache la réputation de la marque du salon de Luce.

Question 4 : a. C'est une opportunité liée au développement du marché sur un type de produit donné.

Question 5 : a et b ! C'est à la fois une opportunité, car cela peut attirer des clients vers des magasins comme le sien ; et une menace car les chaînes concurrentes vont certainement améliorer leur offre et leur conseil pour suivre cette tendance.

103

III. Décider : le marketing stratégique

« Il n'est pas de vent favorable pour celui qui ne sait où il va. »
Sénèque

Étape 6

Fixer des objectifs

Décider du but à atteindre

L'étape 6 en un clin d'œil

1 Définir des objectifs marketing

Après le temps de l'analyse et du diagnostic vient celui de la décision. La première décision stratégique en marketing consiste à définir des objectifs qui peuvent se formuler en termes de ventes, de rentabilité ou de performances auprès des clients.

Ces objectifs serviront de fil conducteur pour l'ensemble des actions marketing qui seront mises en œuvre, ils doivent donc être précis et réalistes.

2 Identifier ses sources de volume

Il s'agit d'identifier dès le départ les leviers qui vont permettre de conquérir des parts de marché : concurrence directe ou indirecte ; avec dans certains cas une part de cannibalisation assumée de ses propres produits.

1 Définir des objectifs marketing

Comme l'écrivait Sun Tzu dans *L'Art de la Guerre*, « celui qui n'a pas d'objectif ne risque pas de les atteindre ». C'est bien là la principale raison de cadrer sa stratégie marketing avec des objectifs, malgré les nombreuses réticences que cet exercice suscite : manque d'information, perte de temps, inutilité, rigidité, crainte des contrôles... Aussi, après avoir discerné dans les étapes 3, 4 et 5 comment poser un diagnostic et formuler la problématique d'une marque, vous allez découvrir dans l'étape 6 comment définir des objectifs en marketing : c'est la première étape dans la « résolution » du problème que vous avez mis en évidence.

Les différents objectifs marketing

Les objectifs marketing > mot-clé peuvent être de trois natures différentes. On utilise soit un, soit deux, soit les trois types d'objectifs en même temps.

Mot-clé

Les objectifs marketing sont des résultats concrets à atteindre en terme de ventes, de profit ou de clients, en ligne avec la mission de l'entreprise.

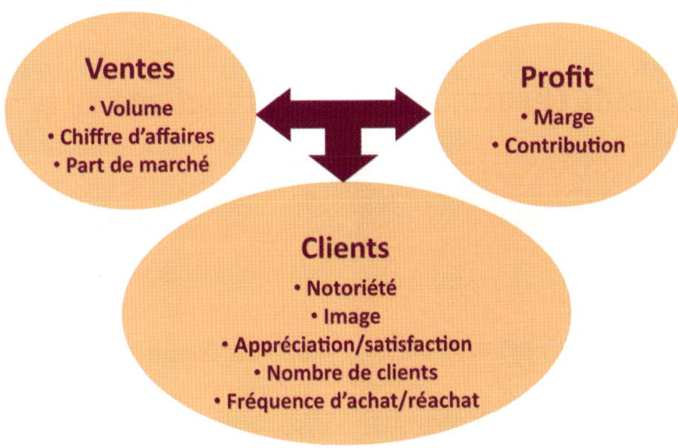

Les objectifs marketing

Les objectifs ventes : développer l'activité

Les objectifs ventes sont définis en termes de volume des ventes (augmenter les ventes en volume de 20 % en 3 ans), de chiffre d'affaires (doubler le chiffre d'affaires l'année prochaine), de part de marché (gagner 5 points de part de marché) ou encore de position sur le marché (rester leader sur ce marché au cours des 5 prochaines années).

> Sur le marché des téléphones portables au niveau mondial, Sony s'est fixé comme objectif prioritaire de devenir le numéro 3, après Nokia et Samsung, mais devant Motorola. Au troisième trimestre 2008, Sony atteint son objectif avec une part de marché mondiale de 8,6 % contre 8,5 % pour Motorola (IDC, octobre 2008).

■ Les objectifs de profit : rentabiliser l'activité

Les objectifs de profit sont spécifiés en termes de marge (passer le taux de marge d'exploitation de 8 à 12 % l'année prochaine, atteindre le point mort sur ce nouveau produit en 3 ans) ou de contribution au profit de l'entreprise (générer 60 millions d'euros de contribution en marge sur coûts variables pour l'année).

> Le fournisseur d'accès internet Alice de Telecom Italia connaît plusieurs années de déficit (97 millions € en 2005, 195 millions € en 2006, 40 millions € au premier semestre 2007). En septembre 2007, l'objectif financier pour Alice est de « revenir à l'équilibre au 4e trimestre 2007 et gagner de l'argent sur l'ensemble de l'année 2008 (*Le Figaro*, 11 septembre 2007) »... Devinez si cet objectif financier a été atteint ? En juin 2008, le groupe Iliad, maison mère du fournisseur d'accès internet Free, rachète son concurrent Alice pour 800 millions d'euros...

Fauchon, *Paris on your lips*, le luxe alimentaire français contemporain

■ Les objectifs clients : améliorer l'attractivité de la marque

Les objectifs clients sont formulés en termes d'attitudes des clients à l'égard de la marque, ou de comportements. Ceux liés à l'attitude concernent la notoriété (dépasser 80 % de notoriété assistée à la fin de l'année), l'image (devenir la marque la mieux notée sur le critère « sécurité »), l'appréciation (devenir la marque de boisson préférée des 15-25 ans en 3 ans) ou la satisfaction (passer le taux de clients « très satisfaits » de 33 % à 45 %). Ceux liés aux comportements portent sur le taux de pénétration ou nombre de clients (passer le taux de pénétration de 12 à 14 % des foyers cibles), la fréquence d'achat, la fidélité (avoir un taux de réachat supérieur à 40 %)...

> En 2004, Michel Ducros reprend les rênes de l'enseigne d'épicerie fine Fauchon afin de redéployer cette marque plus que centenaire en France et à l'international. L'objectif d'image est clair : redevenir LA référence du luxe alimentaire français contemporain.

Des objectifs cohérents entre eux... et avec la stratégie générale de l'entreprise

Quand une stratégie comporte plusieurs objectifs, ils doivent pouvoir être atteints en même temps, sans que cela pose un problème d'arbitrage ou de cohérence.

> Quand Nivea décide en 2008 de se lancer sur le marché du shampoing, la marque prévoit d'atteindre une part de marché de 5,5 % en deux ans, d'entrer dans le top 6 des marques de shampoing et de devenir une marque de shampoing experte en beauté des cheveux. Nivea souhaite en effet faire évoluer la marque dans l'esprit des consommatrices, en passant d'un statut de spécialiste de l'hygiène et du soin vers une perception plus glamour, celle de la beauté. Ces objectifs ambitieux de ventes et d'image sur les shampoings sont prioritaires devant des objectifs financiers et sont cohérents avec l'objectif d'image sur l'ensemble des produits de la marque Nivea (d'après *Le Figaro Économie*, 8 octobre 2007).

La beauté par Nivea

Qu'est-ce qu'un bon objectif en marketing ?

N'oubliez pas que l'objectif sert de fil conducteur pour le travail quotidien des équipes... de sa qualité dépend la motivation pour l'atteindre. Un objectif marketing doit donc posséder plusieurs qualités pour orienter de manière efficace les efforts marketing de l'entreprise.

> **Piège à éviter**
>
> **Fixer des objectifs marketing incohérents avec les objectifs globaux de l'entreprise !**
>
> La stratégie générale de l'entreprise sert de cadrage pour la stratégie marketing, le but étant que la démarche marketing serve les intérêts de l'entreprise dans son ensemble.
>
> *Par exemple, il n'est pas évident de se donner comme objectif principal d'améliorer la satisfaction du client en développant la qualité de service, dans une entreprise dont la politique générale consiste à comprimer drastiquement les coûts pour accroître la rentabilité.*

Important

Fixer des objectifs marketing permet de piloter l'activité marketing.

■ Il doit être un vrai objectif, pas un moyen

Un objectif marketing est une décision stratégique qui exprime où l'entreprise veut aller en termes de performances de ses produits auprès de ses clients. Le but ultime poursuivi est bien de déclencher des comportements d'achat, ou des prédispositions à l'achat, en faveur de la marque. Le niveau de service, le prix, la publicité, ou la présence en magasin ne sont que des moyens pour y parvenir. De ce fait, les objectifs marketing ne doivent pas être confondus avec les outils spécifiques de la politique produit, prix, distribution et communication, qui constituent les moyens d'action à la disposition de l'entreprise pour atteindre ces objectifs. Ces moyens d'action seront présentés en détail dans les étapes 9 à 12.

■ Il doit être précis

Un bon objectif est sans équivoque : il décrit précisément les résultats à atteindre avec des indicateurs quantifiés ; il est défini dans le temps avec une durée ou une date butoir.

> Déclarer qu'il « faut accroître la part de marché » n'est guère motivant. Préciser « faire passer la part de marché de 20 % à 25 % en deux ans » est plus clair !

■ Il doit être réaliste

L'entreprise doit faire preuve de réalisme dans le choix de ses objectifs et prendre en compte son environnement, ses moyens et les compétences disponibles. Ceci dit, un objectif qui n'incite pas à l'effort et au challenge n'est pas un objectif digne d'une entreprise dynamique !

> Fixer un volume de vente impossible à atteindre peut fragiliser une entreprise qui met en place des ressources humaines et matérielles trop importantes… pour fabriquer et vendre une utopie.

Important

Un objectif marketing doit être quantifié, fixé dans le temps, réaliste et contrôlable.

■ Il doit être contrôlable

Le contrôle a toutes les raisons de s'appliquer au marketing ! Un bon objectif marketing est donc contrôlable. En général, on utilise les mesures habituelles de l'activité de l'entreprise comme le volume des ventes, la part de marché, le nombre total de clients ; ou des indicateurs mesurés régulièrement par des instituts d'études, comme le taux de notoriété, l'image ou la satisfaction des clients. Le contrôle s'effectue en mesurant les résultats obtenus, et l'écart éventuel avec les objectifs. Cela permet aux responsables de chaque produit ou marché de faire le bilan de leur stratégie et d'optimiser les actions à venir.

Avis d'expert

Frédéric Vendeuvre, directeur associé d'Halifax Consulting

Pourquoi fixer des objectifs marketing est si important pour une entreprise ?

« Certains parlent souvent des objectifs en ACIER (Actions Concrètes Identifiées Échéancées et Réalistes). D'autres pratiquent plus des objectifs en BÉTON (Balivernes, Évasives, Tirées par les cheveux, Obligatoires et Non négociables). Depuis que nous avons créé Halifax Consulting avec Nicolas Caron, nous avons toujours cherché à tirer le meilleur parti des deux. Se fixer des objectifs en acier… mais vraiment béton ! C'est-à-dire avec une réelle ambition. Dès le démarrage de la société, nous nous sommes donné un objectif slogan "Devenir le frigidaire de la formation commerciale", c'est-à-dire une référence évidente et incontournable sur notre marché avec bien sûr une part de rêve ou d'utopie. Car il était important pour nous de communiquer simplement sur nos objectifs avec nos partenaires et collaborateurs. Ceci s'appuyait sur une lecture qui nous avait marqués *Les champions cachés de la performance* de Simon Herman : les leaders sur leur marché ne sont pas forcément les plus gros en part de marché mais ceux qui exercent un *leadership* intellectuel et d'innovation. Raison pour laquelle nous sommes par exemple aujourd'hui et de loin le cabinet qui publie le plus en France sur l'efficacité commerciale.

Ensuite, nous nous sommes aussi fixé des objectifs de croissance de chiffre d'affaires à un an et trois ans, basés sur une analyse détaillée du chiffre d'affaires cumulé de nos concurrents, de leur progression dans le temps et des données disponibles des dépenses formation des entreprises. Car nous avons toujours été convaincus d'une chose : plus on regarde un chiffre précis et qu'on focalise son énergie dessus… plus il augmente. »

2 Identifier ses sources de volume

Dans les pays occidentaux où la croissance globale des dépenses de consommation est faible, une stratégie marketing qui se fixe comme objectif de développer l'activité implique des baisses ou des transferts de dépense au détriment de concurrents. Certaines stratégies marketing sont même explicitement conçues pour déstabiliser tel ou tel compétiteur. Dans tous les cas il est utile d'identifier, dès le départ, contre qui on se bat : c'est ce qu'on appelle en marketing les « sources de volume ».

Trois sources de volume possibles

La concurrence directe

La source de volume la plus évidente consiste à prendre des parts de marché aux concurrents directs de l'entreprise.

> La concurrence directe d'Orange sur le marché français de la téléphonie mobile est formée par Bouygues Télécom et SFR. Chaque opérateur de téléphonie dont l'objectif est de gagner des parts de marché va convaincre les clients de son concurrent de résilier leur abonnement pour en souscrire un nouveau chez lui. Pour cela il met en œuvre des offres attractives et propose de gérer toutes les formalités liées au transfert de ligne. Pour contrer ce type d'attaque, l'opérateur cible va développer sa politique de fidélisation de clients.

La concurrence indirecte ou élargie

La concurrence directe est la plupart du temps évidente mais la prendre seule en compte peut être réducteur : une stratégie marketing peut amener les consommateurs à se détourner de produits ou services différents, mais répondant au même besoin.

Le développement spectaculaire des ventes de l'IPhone d'Apple se fait non seulement au détriment des autres marques de téléphones mobiles, mais aussi de l'ensemble du marché des lecteurs multimédia portables (MP3 et MP4), puisque le IPhone inclut des fonctions de lecteur multimédia aussi complètes que les appareils dédiés.
La SNCF cherche à développer son chiffre d'affaires par l'ouverture de nouvelles lignes TGV entre Paris et les grandes villes françaises, en récupérant des passagers auprès de ses concurrents indirects : les compagnies aériennes. C'est pourquoi la politique tarifaire de la SNCF sur les liaisons Paris Lyon, Paris Marseille ou Paris Nantes est établie en se basant sur les offres d'Air France sur ses vols intérieurs ; afin d'offrir une alternative convaincante pour ce type de trajet.

Important

Ne pas limiter la vision de la concurrence aux produits directement concurrents !

La cannibalisation volontaire

La cannibalisation volontaire > mot-clé peut paraître une aberration… sauf quand elle est maîtrisée : il est parfois intéressant pour une entreprise de vendre un produit à la place d'un autre, parce qu'il est plus rentable ou plus disponible. Parfois, il s'agit simplement d'élargir l'offre proposée au consommateur, en assumant une part de cannibalisation qui sera plus que compensée par l'apport de nouveaux clients.

Mot-clé

La cannibalisation volontaire consiste à promouvoir les ventes d'un produit au détriment d'autres produits analogues déjà vendus par l'entreprise.

Une marque de yaourts qui lance un nouvel arôme (mangue, pêche de Provence, mûre-cassis…) est bien consciente que ce produit va en grande partie cannibaliser les ventes d'autres parfums déjà présents dans la gamme ; mais c'est une manière de répondre aux attentes du consommateur, qui sur ce marché adore découvrir et essayer des goûts nouveaux. Cela fait vivre son désir pour les produits de la marque que l'absence d'innovation risquerait d'émousser.

Une stratégie marketing efficace ne peut pas faire l'économie d'une réflexion sur les sources de volume, ne serait-ce que pour anticiper les ripostes éventuelles des concurrents concernés… Et plus largement comme vous allez le découvrir à l'étape 8, parce que la vision stratégique d'une marque ne se conçoit que de manière relative par rapport à l'environnement concurrentiel.

L'apparition de nouveaux parfums au sein d'une gamme comme mini-Babybel entraîne une petite part de cannibalisation

A vous de jouer !

1. Nicolas s'est fixé quatre objectifs pour l'entreprise de conseil qu'il dirige. Parmi eux quel est celui qui n'est pas un objectif stratégique en marketing ?

a. Augmenter de deux points sa part de marché.

b. Devenir la marque leader auprès des entreprises du secteur de la téléphonie.

c. Développer une nouvelle brochure pour présenter ses prestations.

d. Accroître de cinq points le taux de marge de son activité.

2. Alice a ouvert une école de danse de salon. Elle réfléchit à son objectif marketing. Quel est le bon ?

a. Il faudrait vraiment avoir plus de clients que le concurrent Valse'nGo l'année prochaine.

b. Il faudrait vraiment avoir un plus joli site web que Valse'nGo l'année prochaine.

c. Il faudrait vraiment débaucher la pianiste de Valse'nGo pour accompagner les cours l'année prochaine.

3. Elodie, qui gère un club de fitness très dynamique, prépare les objectifs marketing pour sa petite équipe. Quel est le mieux formulé ?

a. Cette année on va se démener pour trouver de nouveaux clients sans gaspiller nos moyens.

b. Cette année on va essayer d'avoir 500 nouveaux clients abonnés et d'augmenter la marge de cinq points.

c. Cette année on va tout casser.

4. Valérie dirige une entreprise qui importe des huiles essentielles pour brûle-parfum. Elle se fait approcher par un fabricant d'encens…

a. Méfiance, c'est un concurrent direct.

b. Méfiance, c'est un concurrent indirect.

c. Méfiance, il va me cannibaliser.

d. Pas de raison de se méfier, c'est sympa l'encens.

5. Didier gère une exploitation dans le vignoble de Bergerac. Son vin est renommé et se vend très bien. Il décide de lancer sa « cuvée des copains », un vin moins cher et plus facile à boire, pour compléter sa gamme. Ses amis réagissent… lequel a raison ?

a. Excellente idée, tu vas trouver plein de nouveaux clients.

b. Très malin, mais attention au risque de cannibalisation si tu n'expliques pas clairement que tes deux produits correspondent à des occasions de consommation différentes.

c. Tu es fou, tes clients vont tous acheter le vin le moins cher !

Solutions

Question 1 : c. La nouvelle brochure est une action de communication mise en œuvre pour atteindre les objectifs stratégiques a, b et d.

Question 2 : a. Les réponses b et c correspondent à des actions à mettre en œuvre pour atteindre l'objectif.

Question 3 : b. Les objectifs sont plus faciles à atteindre quand ils sont chiffrés et précis.

Question 4 : b. Mais Valérie peut transformer un concurrent indirect en partenaire pour développer son offre !

Question 5 : b. La cannibalisation bien maîtrisée peut être intéressante si Didier est limité dans les quantités de cuvée haut de gamme qu'il peut produire par la surface de ses vignes.

3
4

Étape 7

Segmenter et cibler

Choisir
à qui on vend

L'étape 7 en un clin d'œil

1 Affiner sa vision du marché : la segmentation

Pour affiner sa vision du marché, on réalise une segmentation qui consiste à découper sa clientèle en groupes d'individus au comportement homogène.
La segmentation permet de mieux adapter l'offre marketing aux attentes de la clientèle, voire même de détecter de nouvelles attentes non satisfaites par les offres concurrentes.
Pour segmenter il faut identifier les bons critères qui vont permettre de différencier les consommateurs.

2 Définir sa cible

Le ciblage consiste tout simplement à choisir le ou les segments les plus intéressants, auxquels on va s'adresser prioritairement.
Selon les cas, il est plus intéressant de viser tous les consommateurs du marché avec le même produit, ou de viser plusieurs segments de consommateurs avec une offre spécifique pour chaque segment, ou encore de se concentrer sur un seul segment de consommateurs.
Le choix de la cible est une décision stratégique importante. Le choix dépend du potentiel du segment ciblé et de la cohérence de la cible avec le savoir-faire de l'entreprise et l'image de la marque.

1 Affiner sa vision du marché : la segmentation

Mot-clé

La segmentation consiste à découper la clientèle d'un marché en groupes d'individus au comportement de consommation homogène : mêmes attentes, mêmes motivations, mêmes comportements d'achat. Ces groupes constituent les segments du marché.

Qu'est ce que la segmentation > Mot-clé ?

Connaissez-vous un produit qui plaise à tous les consommateurs sur son marché, qui réponde à toutes les attentes possibles? Le produit idéal, simple et performant à la fois, qui n'a pas besoin d'être décliné en multiples variantes… Même sur un marché *a priori* basique comme celui du sel, le produit universel n'existe pas : de nombreux consommateurs se satisfont certes d'un sel simple et économique, mais celui-ci se décline en sel de table fin et gros sel de cuisson. Quant aux gastronomes et aux amoureux de la nature, ils préfèrent le gros sel gris et la fleur de sel de Guérande. D'autres consommateurs atteints d'hypertension artérielle achètent un sel de régime sans sodium.

Segmenter le marché en groupes de consommateurs au comportement homogène

Le produit universel n'existe pas… ou plutôt n'existe plus : comme vous l'avez découvert à l'étape 1, les premiers produits issus de l'industrie de masse au XXe siècle étaient standardisés. La même boite bleue de crème Nivea pouvait répondre aux besoins d'hydratation de tous les membres de la famille. C'est l'intensification de la concurrence et la satiété du consommateur à l'égard de ses besoins de base qui ont amené les entreprises à concevoir des produits de plus en plus sophistiqués, se démarquant les uns des autres par leur capacité à résoudre des problèmes de plus en plus spécifiques.

C'est ainsi qu'au lieu de fabriquer le même produit pour tout le monde, on s'est mis à concevoir des produits différents, chacun étant adapté à un type de consommateurs; en attendant le produit totalement sur mesure et individualisé…

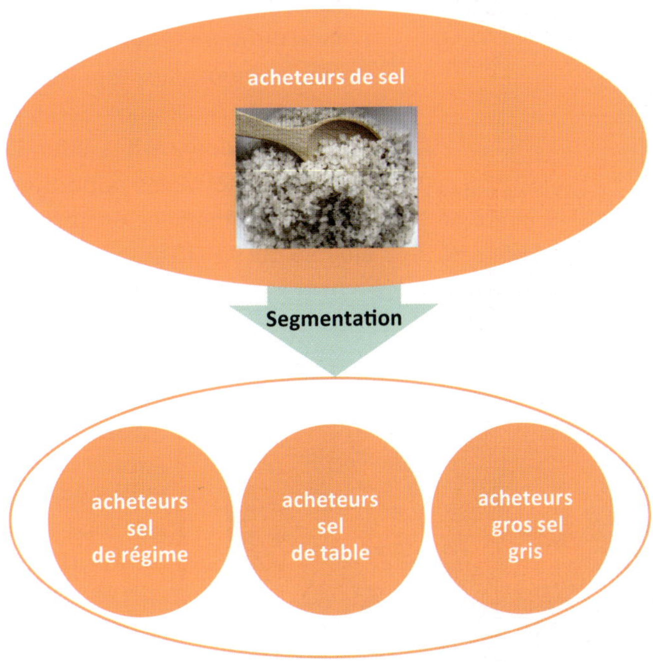

Pourquoi segmenter sa clientèle ?

La segmentation est une technique couramment employée car elle présente deux intérêts majeurs :

■ Mieux répondre aux attentes des clients

Le bénéfice essentiel de la segmentation est l'adaptation de l'offre aux attentes des consommateurs : celui-ci va repérer, parmi la foule de produits concurrents, celui qui répond plus spécifiquement à son besoin. C'est donc un moyen de conquérir des parts de marché, ou de les préserver.

> Prenez une classe d'adolescents de 15 ans et proposez-leur de se coiffer comme bon leur semble avec l'aide d'un pot de brillantine comme ceux que l'on utilisait dans les années 1960… Vous verrez vite, à leur air déconfit, que ce produit ne leur convient pas : sa promesse trop basique de fixation de la chevelure ne correspond pas à la variété des looks capillaires des jeunes gens d'aujourd'hui. Les produits actuels proposent tous un résultat différent : lisser des cheveux frisottants, gonfler des boucles, donner un aspect brillant ou mouillé, réaliser un effet « saut du lit »…

■ Découvrir de nouvelles opportunités de marché

Lorsqu'un marché arrive à maturité (*cf.* étape 3), la croissance devient faible, les nouveaux acheteurs se font rares, la concurrence s'intensifie, les produits prolifèrent. Seule une analyse fine de la clientèle peut alors mettre en évidence des attentes spécifiques, des besoins non comblés, et donc de nouvelles opportunités de marché. Parfois cette analyse peut conduire à imaginer un produit différent, une innovation à forte valeur ajoutée qui va « débanaliser » le marché.

> Les critères de segmentation sur le marché des jeux vidéo sont l'âge, le sexe et le degré d'implication. Sony et Microsoft ont choisi de cibler les segments à fort potentiel : les adolescents et jeunes adultes, les garçons et de manière générale tous les *gamers*, les passionnés de jeux vidéo. À l'inverse, partant du constat que la concurrence et la surenchère technique ont porté ces segments traditionnels à saturation, Nintendo a cherché à saisir une nouvelle opportunité de marché en ciblant les « non-joueurs » et les joueurs occasionnels : filles, enfants, adultes et seniors. C'est le lancement de la Wii, plus ludique, moins technologique, moins violente et moins chère.

Piège à éviter

À découper trop finement les attentes des consommateurs… on fait de la sur-segmentation, qui conduit à lancer des produits improbables qui n'intéressent pas les consommateurs.
Une marque de yaourts, ayant découvert que certaines personnes boivent du lait pour s'endormir, a imaginé des tisanes lactées (yaourt à boire à la verveine, au tilleul…). Le succès commercial n'a pas été au rendez-vous…

Les filles, nouvel eldorado du marché des jeux vidéo

Comment pratiquer la segmentation ?

Pour segmenter la clientèle d'un marché, il suffit d'identifier les bons critères qui vont permettre de différencier les consommateurs ; ces critères sont souvent issus de l'analyse du consommateur, comme vu à l'étape 4. Le but est que les segments ainsi définis soient le plus possible distincts les uns des autres, et regroupent des individus aux attentes ou comportements bien homogènes entre eux. Les critères possibles sont innombrables. La démarche de segmentation traduit une certaine vision du marché qui est propre à chaque entreprise.

> On peut segmenter le marché du parfum de manière basique, en fonction de caractéristiques objectives de la personne qui le porte : homme ou femme, bébé, enfant, adolescent… On peut aussi le segmenter en fonction des goûts olfactifs des consommateurs : certaines femmes préfèrent les parfums fleuris, d'autres les orientaux ou les boisés… On peut encore identifier des groupes de consommateurs avec des personnalités distinctes : séductrices, audacieuses, originales, classiques…

Les principaux critères utilisés quand on s'adresse à une clientèle grand public (individus, familles…) sont liés aux caractéristiques générales des consommateurs (critères sociodémographiques ou styles de vie) ou à leurs comportements d'achat sur le marché.

Les critères de segmentation socio-démographiques

Les caractéristiques générales qui servent de base pour une segmentation sont les critères démographiques, socio-économiques et géographiques. Ils sont pertinents et pratiques : ils permettent de différencier les attentes des consommateurs envers le produit ; les données statistiques sont aisées à recueillir et à relier à des actions marketing. En revanche, ce type de segmentation reste schématique et ne prend pas en compte la dimension psychologique des personnes.

> Les fabricants de couches segmentent leur marché en fonction de l'âge du bébé : les couches pour nouveau-nés, celles pour bébés plus grands, celles pour jeunes enfants qui font l'apprentissage de la propreté… Chaque type de couche est décliné en plusieurs variantes selon le poids du bébé. Il y a quelques années, un fabricant a imaginé de segmenter en fonction du sexe, en créant des couches filles et des couches garçons. Ce découpage a été abandonné quelques années plus tard… les nouvelles technologies d'absorption avaient permis la mise au point de couches unisexes performantes – et cela a simplifié la vie des parents !

Les fabricants de couches proposent des produits adaptés au stade de développement du bébé

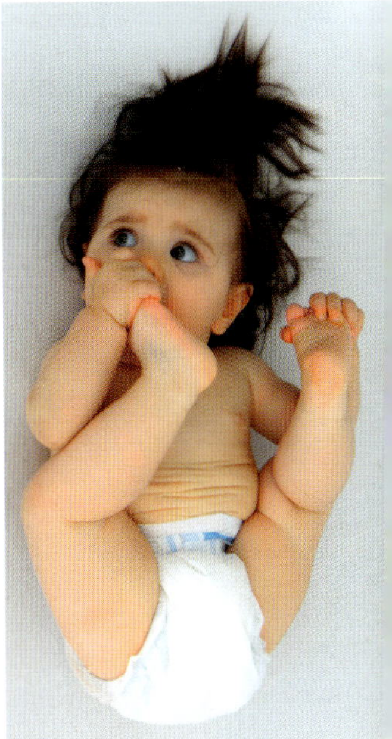

Les parfums Caron ont choisi Sébastien Chabal comme image de la marque : une segmentation « style de vie »

■ Les critères de style de vie ou de personnalité

Les caractéristiques générales des consommateurs peuvent également se traduire en critères de style de vie ou de personnalité. Ces critères sont pertinents : ils permettent en effet de comprendre pourquoi des gens qui se ressemblent, avec des profils sociodémographiques similaires (membres de la même famille, habitants du même quartier...), consomment des produits différents.

> Vous avez sûrement dans votre entourage un homme qui aime prendre soin de lui : il surveille sa ligne, s'habille chez des créateurs, choisit avec attention ses chaussures, besaces et autres accessoires, lit des magazines sur la mode masculine...
> Il a toutes les caractéristiques du style de vie « metrosexuel », emblématisé par le footballeur David Beckham.
> En réaction à ce stéréotype masculin raffiné, s'est popularisé un nouveau style d'hommes à la virilité plus affirmée, volontiers hirsutes et débraillés, que les femmes adorent : les « über-sexuels », à l'image du joueur de rugby Sébastien Chabal.

Piège à éviter

Retenir un critère de segmentation impossible à mettre en pratique

Le critère de segmentation retenu doit permettre d'identifier un groupe de consommateurs spécifique afin de l'étudier en détail, et de pouvoir le toucher concrètement via les actions marketing prévues (communication...) ; et ce, de manière rentable (les investissements nécessaires pour s'adapter à ce segment de consommateurs doivent rester inférieurs aux gains attendus).

Les critères de personnalité sont rarement opérationnels : comment repérer et contacter de manière spécifique les personnes anxieuses, segment pourtant intéressant pour une compagnie d'assurance ? En revanche, il est pratique de retenir l'âge comme critère de segmentation : toucher les jeunes de 15 à 25 ans est facile et peu coûteux, on connaît bien leurs émissions radio préférées, leurs sites internet de prédilection.

■ Les critères de comportement d'achat

Les segmentations basées sur des critères spécifiques au marché concerné sont généralement plus pertinentes que celles qui se limitent aux caractéristiques générales des consommateurs. On s'intéresse ainsi aux comportements d'achat : type de produit choisi, fréquence d'achat, panier moyen, circuit de distribution fréquenté… ; ou aux attentes par rapport au produit.

Certains magasins de bricolage s'adressent au bricoleur amateur. Celui-ci prépare ses achats à l'avance, vient repérer les produits, chercher des idées et des conseils. Il ne vient pas régulièrement dans le magasin mais en fonction des travaux qu'il réalise. Il veut un magasin bien décoré, avec des vendeurs compétents et disponibles. Il apprécie les services comme les cours ou la location de matériel.

D'autres grandes surfaces, elles aussi spécialisées dans le bricolage, vont à l'inverse s'adresser au bricoleur professionnel ou expérimenté. Celui-ci connaît les produits et sait exactement ce dont il a besoin, achète en grosses quantités et visite fréquemment le magasin. Il attend des prix bas, un grand choix dans les produits offerts et la possibilité de venir tôt le matin, avant de démarrer sa journée sur son chantier.

En pratique

Comment réaliser sa segmentation ?

On peut réaliser une segmentation de manière intuitive : un jeune cuisinier qui ouvre un restaurant comprend vite qu'il existe différents segments de clients sur son marché, la clientèle des repas d'affaires, les touristes, les sorties en amoureux… L'importance de chaque segment dans son chiffre d'affaires dépendra de l'emplacement du restaurant, du type de repas proposé mais aussi des efforts qu'il fera pour attirer certains segments en particulier.

Une approche plus fine passe par la réalisation d'une étude auprès de la clientèle. L'étude consiste à interroger un échantillon représentatif d'environ 1 000 consommateurs sur leurs caractéristiques générales, leurs comportements d'achat et leurs attitudes ou attentes à l'égard de ce marché. En croisant toutes ces informations entre elles à l'aide de méthodes statistiques sophistiquées, on peut identifier des segments bien distincts, les décrire et même modéliser leur comportement d'achat : « tel segment va dépenser en moyenne x % de plus que tel autre ». Ces études sont réalisées par des instituts spécialisés.

Les bricoleurs du dimanche ne fréquentent pas les mêmes magasins que les professionnels…

Comment adapter la segmentation pour une clientèle entreprise ?

Même si le nombre de clients potentiels est moins élevé quand on vend des produits à des entreprises, la notion de segmentation est tout aussi utile pour adapter l'offre et se démarquer des concurrents.

■ Segmenter en fonction du poids du client

Le critère le plus utilisé en *Business to Business* est lié au volume d'affaires traité. De nombreuses entreprises subdivisent leur clientèle entre « grands comptes », les clients avec lesquels le volume d'affaires est élevé, et « autres clients ». Ce critère est pratique pour adapter la démarche commerciale à chaque type de clients.

> Les grands comptes peuvent être travaillés avec de nombreuses visites et des invitations à des petits-déjeuners d'affaire ; alors qu'un simple mailing avec relance téléphonique peut être mis en place pour les autres clients.

■ Les autres critères en *Business to Business*

Les autres critères de segmentation utilisés pour ce type de clients sont liés au secteur d'activité, à la taille de l'entreprise, à la zone géographique et parfois au processus d'achat.

> Un constructeur automobile n'a pas la même approche vis-à-vis d'un artisan du bâtiment qui a besoin d'un utilitaire pour transporter son matériel, et d'une entreprise qui commande une flotte de 200 voitures pour ses commerciaux itinérants.

Technique

La segmentation d'une base de données clients

Les entreprises de vente par correspondance et toutes celles qui traitent nominativement leurs clients, disposent de bases de données importantes : elles peuvent contenir les coordonnées de millions de clients, il est utile de les segmenter pour choisir la cible d'une action marketing comme l'envoi d'un courrier ou d'un catalogue.

Cette segmentation, réalisée à l'aide de programmes informatiques puissants, prend en compte les caractéristiques générales des clients (l'âge, la région, le nombre d'enfants…) et leur comportement à partir des achats réalisés par le passé (type de produits achetés…). On privilégie trois critères clés : la Récence (date du dernier achat), la Fréquence de ces achats et le Montant moyen de la commande. Cette segmentation, appelée « R-F-M », permet de repérer les meilleurs clients, qui bénéficieront des offres les plus intéressantes.

2 Définir sa cible

Qu'est ce que le ciblage ?

Comme l'aimait à dire Napoléon « ce qui m'a fait gagner tant de batailles, c'est que, la veille des batailles, je faisais converger toutes mes forces sur les points que je voulais conquérir. » La segmentation permet de mettre en évidence les différents segments existant sur un marché en fonction de son degré d'hétérogénéité, et les opportunités commerciales qui en résultent. Le ciblage consiste à choisir les segments les plus intéressants, sur lesquels vont être concentrés les efforts et les investissements commerciaux. La plupart des entreprises ont renoncé à vouloir couvrir l'ensemble des consommateurs présents sur un marché et à affronter la totalité des concurrents. Elles préfèrent centrer leur offre sur une ou plusieurs cibles > Mot-clé, avec un nombre d'adversaires réduit.

> Sur un marché automobile mou, avec un prix du carburant en hausse, Fiat va tirer son épingle du jeu en choisissant la bonne cible consommateur pour sa Fiat Grande Punto. Une étude de l'institut BVA sur les pratiques des Français au volant met en lumière que 89 % des conducteurs sont préoccupés par l'environnement, la pollution et la sécurité routière et 54 % considèrent l'achat d'un véhicule comme un choix citoyen et non comme un acte individuel. Grâce à cette étude, Fiat détecte un nouveau segment de consommateurs : le néo-conducteur est écologique (ses critères d'achat sont la consommation, la sécurité et l'émission de CO_2) et responsable (il considère l'achat d'un véhicule comme un choix citoyen). Fiat retient ce néo-conducteur comme cible intéressante pour la Fiat Grande Punto, voiture économique avec une consommation de 3,5 litres aux 100 km seulement (d'après e-marketing.fr, 3 septembre 2008).

Mot-clé

La cible est un segment (c'est-à-dire un groupe d'individus au comportement de consommation homogène) à qui une entreprise choisit de s'adresser avec une politique marketing appropriée.

Important

La segmentation est un constat, une vision générale du marché ; la cible est une décision stratégique. Elle est choisie par l'entreprise.

Les quatre stratégies de ciblage

■ Le ciblage indifférencié

Le ciblage indifférencié consiste à viser tous les consommateurs du marché avec le même produit. Les actions marketing doivent toucher et séduire le plus grand nombre de consommateurs. Ce type de stratégie est devenu rare de nos jours, la logique de segmentation s'est imposée.

> Même si cela paraît difficile à envisager aujourd'hui, Coca-Cola n'existait à l'origine que sous la forme d'un seul produit pour tous.

Le ciblage différencié

Le ciblage différencié consiste à viser plusieurs segments de consommateurs avec une offre spécifique pour chaque segment. Cette stratégie est souvent celle des grandes entreprises qui ont les moyens de décliner leur offre.

> Coca-Cola aujourd'hui propose une boisson spécifique pour chaque segment de consommation : Coca-Cola Light est destiné aux femmes qui veulent éviter les calories ; Coca-Cola Zéro s'adresse aux hommes soucieux de leur ligne.

Corsica Cola, un ciblage concentré cette fois-ci… sur la Corse

Le ciblage concentré

Le ciblage concentré consiste à sélectionner un seul segment de consommateurs, pour lequel l'offre de l'entreprise aura une valeur ajoutée particulière. C'est généralement la stratégie des petites entreprises, qui préfèrent concentrer leurs moyens plutôt que de les éparpiller sur de nombreuses cibles.

> Le Zam Zam Cola est vendu dans les pays à forte communauté musulmane. L'entreprise Zam Zam Soft Drink Drops déclare vouloir répondre à la demande du marché musulman pour des boissons de substitution aux soft drinks américains. Ce cola tire son nom d'une eau sacrée, l'eau de Zamzam, que les musulmans pratiquants découvrent quand ils effectuent leur pèlerinage à la Mecque.

Le ciblage *one to one*

Le ciblage *one to one* consiste à viser un consommateur avec une offre qui lui est spécifiquement destinée et qui lui semble unique. L'objectif pour la marque est de répondre finement au besoin de chaque individu. C'est le développement d'internet qui rend possible ce type d'approche, même si l'équilibre économique n'est pas évident pour les marques industrielles.

> Sur le site internet de Nike, l'offre NikeID vous permet de créer la chaussure de vos rêves : choisir la taille, la forme et les caractéristiques techniques de la chaussure, la couleur et la matière de l'empeigne, de la semelle et des lacets, et même faire inscrire votre nom ou le logo de votre équipe !

Comment choisir sa ou ses cibles ?

Le choix de sa cible ou de ses cibles est une décision stratégique majeure et s'effectue en croisant deux critères :

■ Le potentiel du segment cible

Combien cette cible représente-t-elle de consommateurs ? Quel est leur panier moyen ? Comment évolue-t-il ? Cette cible a-t-elle déjà le choix entre plusieurs offres concurrentes performantes ?

> Sur le marché du transport aérien de voyageurs, on observe des disparités de comportements et d'attentes considérables. Certains voyagent plusieurs fois dans l'année, d'autres tous les trois ans ; certains voyagent pour affaires, d'autres pour partir en vacances ; certains attendent un prix économique, d'autres du confort, d'autres encore de la ponctualité. L'analyse de ces différents critères de choix a conduit les grandes compagnies aériennes à cibler deux segments principaux à fort potentiel : la clientèle d'affaires et la clientèle de tourisme. Pour mieux répondre aux attentes de chaque segment de clientèle, ces compagnies sont capables de proposer plusieurs niveaux de confort (classe affaires, classe économique), plusieurs tarifs (tarifs famille, tarifs week-ends…).

■ La cohérence de la cible avec les capacités de l'entreprise et l'image de la marque

Les points forts de l'entreprise en termes de savoir-faire, de technologie, de différenciation par rapport aux concurrents correspondent-ils aux attentes de la cible ? Est-ce que la cible de consommateurs visée est cohérente avec l'image de la marque ?

> L'analyse des différents segments de clientèle a conduit les compagnies aériennes *low cost* à s'intéresser à un seul segment de consommateurs : la clientèle recherchant avant toute chose le prix le plus bas possible pour un voyage en avion. Pour convaincre ce segment précis de clientèle, ces compagnies ont réussi à proposer des tarifs attractifs en évitant les frais superflus. Ainsi, la cible visée est cohérente avec les capacités des *low cost* et leur image de marque.

A vous de jouer !

1. Matthieu vend des fournitures pour modélisme sur internet. Il participe à un important salon spécialisé et dispose de 200 invitations à envoyer à ses clients.

a. Il choisit les 200 premiers clients par ordre alphabétique.

b. Il choisit les 200 clients qui ont fait les plus grosses commandes au cours des six derniers mois.

c. Il choisit ceux qui ne commandent que des petits accessoires, ça leur donnera peut-être envie d'acheter des pièces plus importantes.

d. Il choisit 200 clients parmi ceux qui n'ont rien commandé depuis deux ans, ça leur donnera envie de commander à nouveau.

2. Ariane vient d'être embauchée comme chef de produit d'une grande marque de céréales petit-déjeuner. Quels critères de segmentation peut-elle employer pour définir la cible d'un nouveau produit ?

a. l'âge du consommateur et/ou la marque de céréale habituellement achetée.

b. l'âge du consommateur uniquement.

c. la marque de céréale uniquement.

d. aucun des deux.

3. Pauline gère une agence de voyage qui organise des voyages et des circuits pour les célibataires. Il s'agit d'une stratégie de ciblage…

a. Différenciée.

b. Concentrée.

c. Indifférenciée.

4. Comment définir la stratégie de ciblage de Breizh Cola, le cola de Bretagne ?

a. C'est un ciblage indifférencié, tout le monde aime le cola.

b. C'est un ciblage concentré, la cible est définie par un critère sociodémographique.

c. C'est un ciblage concentré, la cible est définie par ses habitudes d'achat : on vise les gens qui achètent du Coca.

d. Aucune de ces trois réponses n'est valable.

5. Marie veut ouvrir un restaurant à salades dans le centre-ville de Lyon. Elle envisage plusieurs cibles potentielles. Laquelle lui conseilleriez-vous ?

a. Ses copines, elles seront faciles à convaincre.

b. Les agriculteurs, ce sont eux qui font pousser les salades.

c. Tous les habitants de Lyon, pourquoi se priver ?

d. Les femmes qui habitent ou travaillent dans le quartier.

Solutions

Question 1 : b. C'est le principe de segmentation « RFM » (récence – fréquence – montant) pour sélectionner les clients avec la meilleure probabilité d'achat au sein d'un fichier.

Question 2 : a. Pour construire une segmentation on peut utiliser des critères sociodémographiques (âge) et/ou comportementaux (habitudes d'achat).

Question 3 : b. Pauline concentre son activité sur un segment particulier de voyageurs avec des attentes bien spécifiques.

Question 4 : b. Le critère est l'origine géographique du consommateur.

Question 5 : d. Cette cible présente un potentiel suffisant (contrairement aux copines), adapté aux ressources de Marie (contrairement à vouloir cibler tous les Lyonnais) et cohérent avec son positionnement (contrairement au ciblage agriculteurs).

Étape 8

Définir son positionnement

Sortir de l’anonymat

L'étape 8 en un clin d'œil

1 Sortir de l'anonymat : le positionnement

Le positionnement est la réflexion stratégique qui consiste à sortir une marque de l'anonymat, à la faire émerger parmi la masse de marques concurrentes en lui donnant une place bien précise dans l'esprit des consommateurs. Un positionnement doit posséder cinq qualités : être pérenne, attractif, crédible, original et simple.

2 Comment positionner son offre ?

La démarche de création d'un positionnement consiste à analyser le paysage concurrentiel (quelles sont les attentes de la cible par rapport aux produits, aux marques ? quels sont les atouts potentiels de votre marque et des concurrents ?). Cette analyse permet de repérer la place unique que peut occuper votre marque, qu'il faut alors formuler de manière claire. Ce positionnement, qui constitue la véritable personnalité de la marque, peut se fonder sur une caractéristique du produit, un bénéfice apporté au consommateur, un mode de consommation spécifique, une cible d'utilisateurs particulière, ou encore un fort imaginaire de marque.

3 Exprimer son positionnement à travers la marque

La réflexion sur le positionnement se conclut par une représentation plus incarnée de ce que le consommateur doit percevoir de l'offre : la marque. Il faut créer une identité de marque forte grâce au nom de la marque et aux autres signes de reconnaissance (logo, symboles, slogan, jingle, identité graphique). Une entreprise peut combiner ses différentes marques, pour leur faire jouer un rôle de marque-ombrelle ou marque-caution ; ou alors travailler chaque marque-produit séparément.

1 Sortir de l'anonymat : le positionnement

Vous avez vu à l'étape 7 comment choisir la cible de consommateurs qui va être la plus réceptive à votre offre. Encore faut-il savoir comment toucher cette cible : pourquoi certains consommateurs vont repérer ce produit parmi la foule des concurrents, et se laisser facilement convaincre que c'est celui qui leur convient le mieux ? Cet art du **positionnement**, qui consiste à sortir une marque de l'anonymat, est une étape stratégique essentielle. Le positionnement fait partie des outils de marketing les plus complexes mais aussi les plus utiles.

Mot-clé

Le positionnement est l'ensemble des caractéristiques distinctives qu'une entreprise cherche à associer à une marque pour qu'elle occupe une place unique dans l'esprit des consommateurs par rapport aux marques concurrentes.

Qu'est ce que le positionnement > Mot-clé ?

Dans le monde actuel, une marque est noyée au milieu d'une multitude de marques concurrentes; les clients sont de plus en plus autonomes pour leurs achats effectués dans les circuits de distribution de masse et sont bombardés de messages publicitaires. Pour sortir de cet anonymat, il est indispensable de tenter de donner à sa marque une personnalité originale, une place unique dans l'esprit des clients.

> Pour quelle raison choisir telle ou telle marque d'eau ? Parce qu'elle vous revitalise chaque jour, ou qu'elle vous permet de rester jeune, ou qu'elle vous aide à rester mince ? Si vous avez pensé successivement à Vittel, Evian, et Contrex, c'est que ces marques d'eau ont un positionnement qui les rend uniques dans l'esprit du consommateur.

Sortir de l'anonymat…

Le positionnement est un choix de l'entreprise. L'entreprise renonce à certains clients et à certaines positions sur le marché pour rendre son offre plus attractive et plus forte auprès d'autres clients, sur une autre partie du marché. Choisir le positionnement de sa marque, c'est définir ce qui la distingue des concurrentes, ou en d'autres termes c'est décider « quelle est la raison pour laquelle les consommateurs vont choisir ma marque ? ». Cette démarche est indispensable : si l'entreprise ne se soucie pas de définir une place précise pour sa marque, les consommateurs le feront d'eux-mêmes... mais ce positionnement subi ne sera pas forcément favorable.

Les produits ménagers renchérissent en général sur la promesse d'efficacité (3 en 1, enzymes gloutons, lavage à froid, etc.). Pour se différencier, les produits ménagers de la marque Ecover se positionnent sur une double promesse : des produits efficaces ET bio (ingrédients efficaces et d'origine végétale ou minérale, non toxiques pour la vie aquatique, sans colorant artificiel, ni parfum de synthèse). Ecover donne ainsi aux consommateurs une vraie raison pour choisir les produits de la marque : le bio amène un élément de différenciation et de supériorité à la promesse d'efficacité.

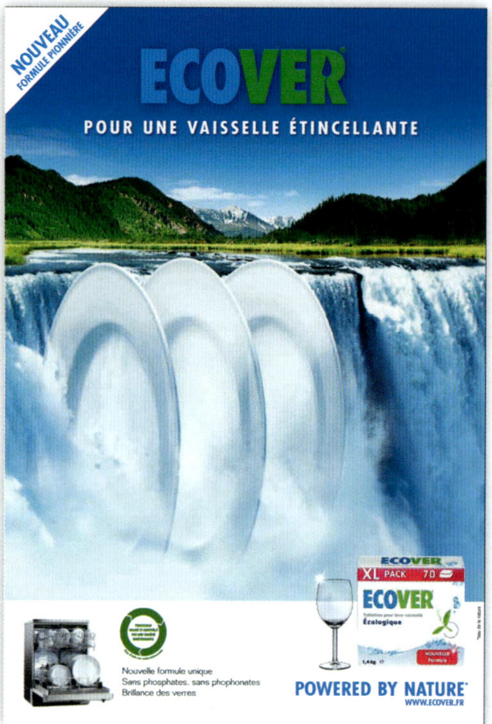

Ecover, des produits efficaces et verts

Une fois la cible et le positionnement choisis, le marketing opérationnel consiste à tout mettre en œuvre pour proposer à cette cible l'offre qui traduit concrètement ce positionnement : élaborer ou adapter son produit, son prix, son mode de distribution et de communication (*cf.* étapes 9 à 12). Le positionnement est le socle, le fondement de la politique marketing.

Le positionnement de Chateldon, « l'eau Grand Cru », est décliné dans tout son mix marketing : l'eau naturellement gazéifiée offre des bulles d'une finesse rare et un goût délicat. Le décor de la bouteille renvoie à un univers royal et chargé de plus de 350 ans d'histoire. La communication présente Chateldon comme « l'eau du roi soleil » (c'est l'eau recommandée à la cour royale dès le XVIIe siècle). La distribution se fait en épiceries fines et dans les restaurants étoilés. Le prix correspond à la rareté du produit et au positionnement premium d'une eau de grandes tables, plus élevé que celui d'une eau de table.

Chateldon, l'eau Grand Cru

Important

Le positionnement est un choix volontaire de l'entreprise pour sortir sa marque de l'anonymat.

Qu'est-ce qu'un bon positionnement ?

Pour être efficace, le positionnement choisi par une marque doit remplir cinq conditions… sans perdre de vue que l'objectif est de fournir aux consommateurs une bonne raison de choisir cette marque plutôt qu'une concurrente !

■ Pérenne

Un positionnement réussi s'inscrit dans la durée. Occuper une position bien spécifique dans l'esprit des consommateurs ne se fait pas en un jour… en changer souvent risque de brouiller la perception de la marque par les consommateurs. Pour autant, pérenne ne signifie pas immuable, il faut aussi s'adapter aux évolutions du marché.

Après avoir été pendant des années la marque des adolescentes impertinentes et sexy, image véhiculée par des collections décolletées et des campagnes publicitaires à l'avenant, la marque de prêt-à-porter Kookaï décide de se recentrer sur une cible de jeunes femmes plus adulte (20-35 ans), en attente de vêtements plus sages et de meilleure coupe. Cette nouvelle stratégie est mise en place en 2006, pourtant de nombreuses clientes potentielles sont restées sur l'image de la marque pour jeunes filles.

■ Attractif

Un positionnement n'est pertinent que s'il répond à des attentes réelles et importantes de la cible visée.

Contrex se présente comme « l'eau minérale qui aide à garder la ligne ». Sa richesse en calcium lui permettrait de mettre en avant ses atouts pour la prévention de l'ostéoporose, mais ce positionnement ne correspond pas à une préoccupation suffisamment forte pour la majorité de sa cible, composée de jeunes femmes.

■ Crédible

Le positionnement doit s'appuyer sur une réalité objective des produits et ne pas être en contradiction avec l'image de la marque.

Le positionnement de la feta Salakis, un fromage de feta authentique, s'appuie sur l'atout de ce fromage élaboré à partir de lait de brebis alors que de nombreux concurrents utilisent du lait de vache.

Technique

Du positionnement à l'image de la marque

Le positionnement est l'image que l'entreprise souhaite avoir pour sa marque dans l'esprit des consommateurs. Mais les désirs et la réalité ne coïncident pas toujours… L'image de la marque, mesurée par les études d'image, peut révéler une perception par les consommateurs différente de celle qui est attendue.

« Au bon lait de brebis »… un positionnement crédible pour Salakis

Bridélice,
la gourmandise
équilibrée

Bridelight,
l'ultra-allégé

Original

Puisque le positionnement sert à se différencier des concurrents, l'idéal est de se positionner sur une qualité que personne ne revendique, qu'on est le seul à posséder ou qu'on possède plus que les concurrents.

> Les deux marques de crème Bridélice et Bridelight ont développé des positionnements originaux. Bridélice, visant les femmes à la recherche d'une alimentation équilibrée, se positionne sur « la gourmandise équilibrée », comme le montre sa communication « Allège tout sauf le goût ».
> Bridelight, visant les adeptes des régimes purs et durs, se positionne sur « l'ultra-allégé » en interpellant les consommatrices : envie de prendre soin de votre ligne sans vous priver ?

Simple

Plus un positionnement est simple et clair, plus il a de chance de s'imposer dans l'esprit des consommateurs. Le plus sûr moyen de savoir si son positionnement répond à cette condition, c'est d'essayer de le formuler en une phrase simple et courte.

> Le positionnement des clubs de vacances Belambra peut être formulé de façon simple : « des clubs de vacances spécialement conçus pour les familles et installés dans les plus beaux endroits de France ».
> Le slogan publicitaire « N° 1 des clubs de vacances en France » exprime clairement ce positionnement.

2 Comment positionner son offre ?

Dans cette partie vous allez découvrir les petits secrets de l'art de la différenciation : comment faire en sorte qu'une offre, quelle qu'elle soit (produit, service, destination touristique, cause humanitaire ou politique...), se démarque des offres concurrentes et séduise sa cible. Cette réflexion stratégique se décompose en plusieurs phases : analyser le paysage concurrentiel, repérer la place unique et enfin formuler son positionnement.

Analyser le paysage concurrentiel

Pour occuper une place unique dans l'esprit du consommateur face aux produits concurrents, un positionnement doit être simultanément attractif pour les individus ciblés, crédible pour la marque et original par rapport aux positionnements des concurrents.
Pour remplir ces trois conditions une analyse préliminaire s'impose : c'est l'étude du paysage concurrentiel, prenant en compte les attentes de la cible, les atouts potentiels de ses produits, de sa marque par rapport aux attentes de cette cible et les atouts perçus de chaque concurrent.

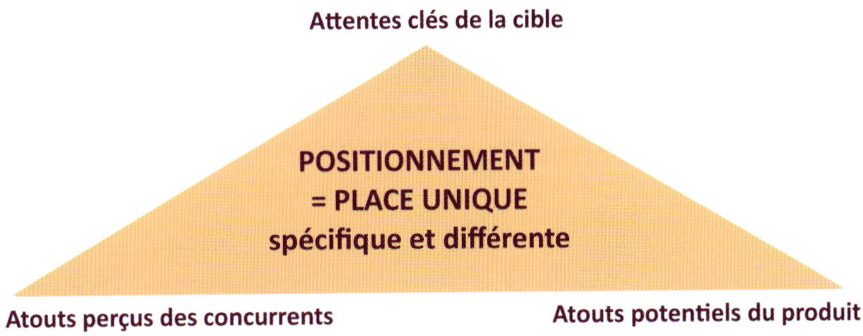

L'analyse préliminaire pour définir un positionnement

■ Identifier les attentes clés de la cible par rapport au produit

Les attentes clés constituent ce qu'on appelle *l'insight consommateur*, c'est-à-dire la manière dont les consommateurs perçoivent les produits et leur utilisation (*cf.* étape 4). Elles peuvent être de natures diverses : qualité, solidité, sécurité, confort à l'utilisation, ou bien esthétisme, design, couleur, ou encore prix bas, ou marque prestigieuse... Pour un segment de consommateurs donné il y a des attentes différentes qu'il faut ensuite hiérarchiser, ce qui consiste notamment à repérer celles qui vont constituer des critères déterminants pour l'achat (« je n'achète ce produit que s'il me paraît de qualité suffisante, et par ailleurs il faut qu'il soit d'un design soigné »).

> La cible d'un fromage pour enfants est constituée des mères d'enfants de 2 ans à 12 ans. Les attentes des mères vis-à-vis d'un tel fromage sont : procurer un plaisir gourmand à son enfant, posséder un goût doux pas trop prononcé, avoir une texture onctueuse, avoir un côté ludique qui plaît à l'enfant, être un produit sain d'un point de vue nutritionnel ; soit en résumé un fromage gourmand, doux, onctueux, ludique, sain.

En pratique

Les études pour travailler sur le positionnement.

Elles se déroulent en deux temps :

– Identification des attributs déterminants qui structurent la perception que les clients ont des marques et des produits.

– Interrogation des clients sur leur perception des marques sur la base de ces attributs déterminants.

Pour visualiser la place occupée par la marque par rapport aux concurrents dans l'esprit des clients, on peut projeter les résultats de l'étude sous forme de schémas : les cartes perceptuelles ou *mapping*.

■ Lister les atouts potentiels du produit par rapport aux attentes de la cible

Ces atouts sont toutes les caractéristiques objectives ou subjectives du produit et de la marque, qui lui sont habituellement attribuées ou qui peuvent être revendiquées de manière crédible. Parmi ces caractéristiques, certaines font partie des attentes de la cible… mais pas toutes !

Kiri, un fromage à la crème de lait

Kiri se présente sur son site internet comme un fromage « si doux, si blanc, si crémeux, les enfants adorent Kiri dès leur plus jeune âge ! Kiri est le fruit de plusieurs années de recherche pour obtenir un fromage dont le goût et la texture conviennent parfaitement au palais des enfants. Il s'intègre dans le cadre d'un repas équilibré et contribue à la croissance des plus petits, leur apportant calcium et vitamines essentielles. » Les atouts potentiels du fromage Kiri qui répondent aux attentes des mères sont donc le caractère gourmand grâce à la crème, le goût doux, la texture onctueuse et le côté sain en raison de la présence de calcium et de vitamines.

■ Analyser les atouts perçus et le positionnement des concurrents

Quelle place les concurrents cherchent-ils à occuper sur le marché ? Comment sont-ils perçus par les consommateurs ? L'analyse approfondie de tous les signes et messages émis par la marque (emballage des produits, publicité, site internet, magasins…) donne une idée de la première question, et les études clients permettent de répondre à la seconde.

Les fromages concurrents de Kiri se présentent ainsi sur leurs sites internet :
« La Vache qui rit : ses grandes qualités de conservation et son format en portions très pratique, en plus de son goût onctueux. »
« P'tit Louis c'est la coque fromagère au lait entier super sympa à manger, les enfants l'adorent ! »
« Depuis toujours, Samos reste dans le cœur des mamans une portion de vitalité pour leurs enfants. »

Le positionnement de ces fromages peut donc s'exprimer ainsi :
– La Vache qui rit, le fromage pratique et onctueux apprécié par petits et grands.
– P'tit Louis, le fromage pour enfants ludique grâce à sa coque.
– Samos, le fromage sain pour les enfants.

Repérer la place unique

Pour trouver enfin son positionnement, « sa place unique », il reste à comparer ses atouts potentiels avec ceux des concurrents par rapport aux attentes de la cible, en d'autres termes mettre en lumière des différenciations concurrentielles auprès de la cible visée.

Kiri crée une différenciation concurrentielle sur l'attente de gourmandise, grâce à la crème de lait. Tous les fromages répondent à l'attente de goût doux, cela ne peut donc pas être une différenciation concurrentielle. Les autres marques ont leur propre différenciation concurrentielle : P'tit Louis est le fromage ludique, La Vache qui rit est le fromage onctueux et pratique, Samos est le fromage sain. Kiri peut trouver sa place unique en revendiquant l'idée d'un fromage gourmand pour les enfants.

Les fromages concurrents de Kiri : P'tit Louis, le fromage ludique ; Samos, le fromage sain ; La Vache qui rit, le fromage pratique et onctueux

Kiri, le fromage gourmand pour les enfants

Astuce

Le positionnement est aussi appelé « l'ADN » de la marque. Comme l'ADN des cellules humaines, il comprend les éléments de base constitutifs de la personnalité et du caractère unique de la marque.

Formuler son positionnement

Il existe de nombreuses façons de mettre en avant les atouts potentiels d'une marque, de répondre aux attentes des clients et se distinguer des concurrents. Un positionnement trop large, ou mal défini, ne parvient pas à émerger parmi la masse des concurrents. Pour situer sa marque par rapport aux marques concurrentes, les marketeurs s'ancrent sur un ou plusieurs critères distinctifs (caractéristique du produit, bénéfice pour le consommateur, imaginaire de la marque...) qu'ils associent en d'innombrables combinaisons. Cet agencement spécifique d'un ou plusieurs critères forme la personnalité de la marque et constitue son positionnement.

Bien que les positionnements puissent varier en nombre infini, on peut les regrouper en cinq grands axes de différenciation possibles.

■ Une caractéristique du produit

Les caractéristiques physiques des produits sont souvent utilisées pour différencier des produits innovants. Plus largement, on peut construire une différenciation sur une caractéristique objective de l'offre dès lors que sa supériorité est démontrable ou perceptible par les clients (la pile qui dure plus longtemps, le service après-vente plus efficace...).

> Geox, une chaussure... qui rejette la transpiration sans laisser entrer l'eau. Ce positionnement repose sur une spécificité technologique de la marque : la chaussure Geox possède une semelle en caoutchouc percée et à l'intérieur de celle-ci est installée une membrane avec une structure microporeuse qui absorbe et rejette la transpiration sans laisser entrer l'eau.

■ Le bénéfice apporté au consommateur

Ce type de positionnement est formulé à partir d'une attente exprimée par les consommateurs : une lessive qui ne fait pas boulocher le linge, un site de e-commerce qui permet de payer après la livraison du colis, une voiture qui se gare facilement... L'idéal est de repérer, à partir des *insights* consommateurs, un problème irrésolu sur la catégorie de produits où la marque opère. Un produit qui résout ce problème constitue un excellent axe de différenciation.

Geox, une chaussure qui rejette la transpiration sans laisser entrer l'eau

Un produit vaisselle décoratif

> Parce que 55 % des Français cachent leur produit vaisselle dans les placards et que la tendance est au design rigolo pour les ustensiles de la cuisine, Mir lance Degraiss'boy, un liquide vaisselle en forme de gros bonhomme vert que l'on n'hésite pas à laisser bien en vue sur son évier. (e-marketing.fr 2006)

■ Un mode de consommation spécifique

Ce mode de consommation peut être le lieu, le moment, le contexte, la manière d'utiliser les produits de la marque… comme un pansement anti-ampoules pour chaussures à talon, un plat préparé destiné aux plateaux télé, un parfum léger et sans alcool prévu pour l'été et les voyages dans les pays chauds, un jus de fruits pour le petit-déjeuner…

Un rosé pour la piscine

> Les Vignerons de Vinovalie ont imaginé un positionnement basé sur une situation de consommation particulière : un vin pour boire au bord de la piscine. Le nom du produit « Rosé Piscine » exprime clairement ce positionnement. Ce vin se consomme avec des glaçons, ce qui en renforce les arômes et la fraîcheur.

■ La catégorie d'utilisateurs ciblée

Certains positionnements se définissent entièrement par leur cible. Le « communautarisme » est de plus en plus fréquent en marketing, notamment pour toucher certaines tranches d'âge comme les enfants, les seniors…
Il y a également de nombreuses marques pour les urbains actifs et pressés ; et de timides apparitions d'offres dédiées à des groupes sociaux définis par une appartenance ethnique ou religieuse.

Des produits pour les gauchers

> La boutique en ligne « La Main Gauche » se positionne sur une catégorie d'utilisateurs bien spécifique : les gauchers.

L'imaginaire de la marque

Ce type de positionnement repose sur l'idée que l'intérêt du consommateur pour certaines marques repose sur le désir que la marque est capable de susciter pour inviter à rejoindre son univers imaginaire, plus que sur une évaluation rationnelle et objective de ses caractéristiques et de ce qu'elle peut lui apporter. Ce désir est d'autant plus intense que l'univers est riche, renouvelé, foisonnant. Tout se passe comme si la marque racontait une histoire passionnante et tenait le consommateur en haleine de découvrir la suite. L'acte d'achat peut être vécu comme un moment intense où le consommateur s'immerge totalement dans l'imaginaire de la marque – expérience que les marques de luxe savent offrir avec beaucoup de talent, grâce à leurs somptueuses boutiques.

Tout l'imaginaire de la Grèce dans un fromage

> Le fromage Syrtos se positionne sur un imaginaire riche : celui de la Grèce et de sa cuisine, qui évoque les vacances, le soleil, des ingrédients naturels et parfumés…

> Clairefontaine positionne sa marque de fournitures scolaires sur un imaginaire très fort auprès des jeunes : Clairefontaine permet de mieux communiquer ses émotions. Ce positionnement s'exprime dans ses campagnes de communication. Une publicité montre une jeune fille qui écrit une lettre à son amoureux, elle réfléchit en langage jeune et écrit dans la langue de Molière grâce aux cahiers Clairefontaine.
> Clairefontaine crée ainsi un imaginaire différent de celui de la marque concurrente Oxford qui favorise la confiance en soi et l'accomplissement personnel.

La jeune fille communique ses émotions dans la langue de Molière

Mot-clé

Une marque est un nom associé à une représentation graphique. La marque distingue un produit de ses concurrents et le projette dans un univers symbolique en l'associant à des bénéfices, des émotions, des valeurs.

Important

La marque crée de la valeur pour le client et pour l'entreprise.

3 Exprimer son positionnement à travers sa marque

La réflexion sur le positionnement reste abstraite si elle ne se conclut pas par une représentation de ce que le consommateur doit percevoir de l'offre : la marque. **La marque** > Mot-clé permet de faire le lien entre les options stratégiques retenues (cible et positionnement) et le marketing opérationnel que vous découvrirez dans les étapes suivantes. La marque est à la fois stratégique et concrète, c'est une idée et un ensemble d'éléments physiques qui permettent de matérialiser le positionnement. Par son pouvoir d'évocation, elle permet de tisser une relation forte entre le produit et le consommateur et favorise ainsi la fidélisation. Dans cette partie, vous découvrirez les enjeux de la marque pour les clients et pour l'entreprise, comment créer une identité de marque claire et forte, et enfin comment gérer dans le temps un portefeuille de marques.

Les enjeux de la marque

À quoi sert la marque pour les consommateurs ?

La marque est une assurance de qualité pour le client. Elle diminue le risque perçu en achetant un produit.

EASTPAK, une garantie de qualité et de durabilité

> Pourquoi certains parents n'hésitent pas à acheter un sac à dos EASTPAK à leurs enfants ? EASTPACK est perçue comme une marque proposant des produits résistants, et donc de qualité.

La marque permet de reconnaître et de différencier les produits. Expression du positionnement, elle permet d'identifier et de clarifier les différences entre des produits concurrents.

> La marque de lingerie Wonderbra est associée à un imaginaire de femme sexy, drôle et impertinente. Pour une soirée en amoureux, achèteriez-vous un soutien-gorge Wonderbra ou un soutien-gorge associé à un imaginaire de confort et solidité ?

Wonderbra signe des produits plus sexy que ceux de ses concurrents

■ **La marque valorise ses consommateurs.** En choisissant une marque, le consommateur se projette dans les valeurs qu'elle incarne.

> Pourquoi acheter une montre de luxe ? Parce qu'en la portant, le consommateur se sent appartenir à une certaine élite.
> Pourquoi consommer un produit de commerce équitable ? Parce que cela donne bonne conscience en soutenant des petits producteurs du tiers-monde.

■ À quoi sert la marque pour l'entreprise ?

■ **La marque permet de vendre plus cher et de fidéliser ses clients.**

> La force de la marque Nespresso lui permet de vendre un café à 37 centimes d'euro la tasse… soit trois à quatre fois plus cher que le prix d'un café standard. Cette valeur créée pour l'entreprise est justifiée par le bénéfice apporté par cette marque à ses clients : garantie d'un café excellent et satisfaction d'appartenir à un club de connaisseurs.

■ **La marque a une valeur financière.**

Depuis une vingtaine d'années, les financiers prennent en compte les marques dans la valorisation des actifs immatériels d'une entreprise : si vous achetez une entreprise qui détient une marque renommée, vous la paierez plus cher que la même entreprise sans marque.

Coca-Cola, Microsoft et IBM sont les marques qui valent le plus cher au monde, elles sont estimées à plus de 50 milliards de dollars. Louis Vuitton est la marque française la plus valorisée (Cabinet Interbrand – 2007).

Les composantes de la marque

■ Le nom de marque

Le nom de marque, essentiel pour construire une identité forte, doit être choisi avec soin. Ce nom de marque peut être un nom propre (les vêtements Hugo Boss, les voitures Renault), un nom commun (la lessive Persil), un nombre (le parfum Chanel N° 5, la bière 1664).

La marque Président, un nom commun synonyme de haute qualité

■ Les qualités du nom de marque

■ **Être facile à mémoriser et à prononcer.**

L'eau Contrexéville est plus connue aujourd'hui sous le nom Contrex, plus court, et donc plus facile à mémoriser et à prononcer. Que pensez-vous du nom de la marque de voiture suédoise Koenigsegg ?

■ **Suggérer les qualités du produit et refléter son positionnement.**

La marque Taillefine évoque immédiatement un bénéfice de minceur, alors que la marque Formes paraît adaptée pour une ligne de vêtements pour les femmes enceintes.

■ **Être juridiquement correct,** c'est-à-dire disponible et protégé par un dépôt de marque à l'INPI (Institut national de la propriété intellectuelle).

Yves Saint Laurent a dû abandonner le nom de marque « Champagne » pour l'un de ses parfums, suite à une plainte des producteurs de ce vin.

En pratique

Comment trouver un nom de marque ?

L'idéal est de trouver un mot ou groupe de mot qui évoque l'idée du produit : *Carte noire évoque un café haut de gamme.* Une autre solution consiste à inventer un mot : *Activia évoque un yaourt actif, bon pour le transit intestinal.* Une fois les différents noms pertinents trouvés, on élimine les noms qui ne sont pas « juridiquement corrects ». Un test de nom auprès des consommateurs permet enfin de retenir l'heureux élu !

Les autres signes de reconnaissance de la marque

Le logo est un dessin qui sert à identifier de manière unique une marque.

Un logo tout en rondeur et gourmandise est associé à la marque Bridélice, la crème gourmande équilibrée alors qu'un logo plus épuré aux couleurs pastels permet d'identifier Bridelight, la crème allégée.

Un logo pour chaque marque

Le graphisme de marque comprend la façon d'écrire les lettres (typographie) et les codes couleur de la marque. Il doit favoriser la reconnaissance de la marque.

Quelle entreprise évoque pour vous la couleur orange ? Avez-vous pensé à l'entreprise de téléphonie Orange ? Pouvez-vous distinguer le « M » tout en rondeur des restaurants pour la famille McDonald's et le « M » professionnel de l'entreprise informatique IBM ?

Les symboles sont des personnages ou animaux associés à la marque, visant à distinguer la marque et refléter son identité.

Le personnage Bibendum de Michelin, construit à partir d'une pile de pneus, évoque le métier de l'entreprise. L'homme musclé de Mr Propre véhicule l'idée d'un nettoyant ménager efficace. Une tête de vache rouge et rieuse est associée au fromage La Vache qui rit, alors qu'une vache mauve renvoie au chocolat Milka.

Le symbole de Michelin

Le slogan est une phrase courte, facilement retenue par le consommateur, visant à associer une marque à des images positives qui incitent à l'acheter.

Air France promet de « Faire du ciel le plus bel endroit de la terre », le voyage en avion avec Air France devient un vrai moment de plaisir, bien avant d'atterrir. Comment un jeune homme cherchant à séduire peut résister à la force du slogan du déodorant Axe « Plus t'en mets, plus t'en as » !

Le *jingle* (refrain publicitaire) est une mélodie courte et accrocheuse, généralement associée à un slogan, qui facilite la mémorisation de la marque.

La chanson « toutouyoutou » fait penser… au numéro de tous les numéros : 118 218.

En pratique

Les couleurs et leur signification.

Le choix d'une couleur dans le graphisme d'une marque ou d'un packaging n'est pas anodin, chaque couleur ayant une valeur symbolique différente :

Le bleu est la couleur préférée des Français. C'est une couleur consensuelle, douce, mais qui peut être froide et manquer de personnalité.

Le rouge est la couleur du pouvoir, de la passion, de la vie intense, de la transgression. Elle évoque la puissance, la fête, le luxe, le spectacle… mais aussi le sang, le danger, la mort.

Le blanc représente naturellement l'innocence, la pureté ; et par extension l'hygiène, la propreté, la sagesse.

Le vert est une couleur dont les gens se sont longtemps méfiés car elle était associée à la chance, au destin, à la fortune (l'argent) et à l'infortune. C'était une couleur réputée porter malheur. C'est une couleur de plus en plus appréciée parce qu'elle évoque la liberté, la jeunesse, la santé, la nature, la fraîcheur.

Le jaune est une couleur rejetée par les occidentaux alors qu'elle est valorisée dans d'autres cultures. Quand il est employé, le jaune est perçu comme populaire, peu sophistiqué. Il est concurrencé par l'or, symbole de lumière, de chaleur, d'énergie.

Le noir est la couleur du deuil en occident et le symbole d'une certaine austérité. Mais c'est aussi une couleur élégante dans la sobriété, qui évoque le luxe.

(D'après Michel Pastoureau, *Le Petit Livre des couleurs*, éditions du Panama, 2005.)

La gestion des marques

Certaines entreprises disposent de plusieurs marques. Dans ce cas, elles doivent se demander comment optimiser le potentiel de chacune, en créant éventuellement des liens entre elles.

Astuce

Le cobranding consiste à associer deux marques appartenant à des entreprises différentes, de manière temporaire, pour créer en partenariat un produit, une opération de communication… : *automobile Peugeot/ Roland Garros, mousse Yoplait au chocolat Côte d'Or…*

Les différents niveaux de marques

La marque produit est la signature d'un seul produit, ou éventuellement d'une gamme de produits, avec une promesse unique.

> Dans le portefeuille de marques du groupe Procter & Gamble, Ariel est la lessive protectrice du linge, Dash la lessive avec adoucissant incorporé, Gama la lessive à prix bas et Bonux la lessive à prix malin.

La marque ombrelle regroupe des produits ou des services appartenant à des catégories et des marchés différents, chacun avec une promesse spécifique. Cette stratégie permet de capitaliser sur l'image de la marque grâce à la concentration des investissements publicitaires et de réduire les coûts.

Yamaha signe des motos, mais aussi des instruments de musique. Les marques de luxe exploitent le capital image de leur marque sur la plus grande diversité de produits possibles : parfums, maroquinerie, bijoux, vêtements…

La marque caution consiste à apposer une deuxième signature à une marque produit. Elle apporte ainsi la caution d'une marque forte à une marque moins connue. Là aussi, cela permet de capitaliser sur la renommée de la marque caution… à condition que le produit soit cohérent avec son image.

Danone, Nestlé servent de marque caution à l'ensemble des marques de leurs groupes respectifs : Danette de Danone est une marque produit accompagnée d'une marque caution.

Les options stratégiques pour gérer ses marques

L'extension de marque consiste à diversifier la marque sur de nouveaux marchés avec de nouveaux produits. On parle aussi de *brand stretching* (étirement de marque).

Après son succès sur les yaourts, Taillefine s'est implantée sur les marchés des biscuits, des eaux en bouteille…
Singer, face au déclin de son marché historique des machines à coudre, s'est lancée sur le petit électroménager haut de gamme : cafetières, grille-pain…

La réduction du nombre de marques consiste à concentrer les moyens de l'entreprise sur des marques phares et à supprimer les marques les plus faibles ou sans renommée internationale.

La marque de thé Éléphant a disparu au profit de la marque Lipton.
Les marques de biscuits Belin et l'Alsacienne ont laissé la place à LU.

A vous de jouer !

1. Olivier ouvre un restaurant de cuisine de terroir. Il explique que son positionnement est de servir de la bonne cuisine. Pourquoi ce positionnement doit-il être affiné ?

a. Il n'est pas assez simple.

b. Il n'est pas assez original.

c. Il n'est pas attractif pour la cible.

d. Il n'est pas pérenne.

2. Jordane lance une agence de communication spécialisée dans la conception de catalogues et brochures avec de très belles photos Quelle est la meilleure manière de décrire son positionnement ?

a. La meilleure agence de communication.

b. Le haut de gamme du catalogue.

c. L'agence de communication spécialisée dans les catalogues.

d. L'agence experte en photos au service des catalogues.

3. Parce que certains travaillent trop ou font trop la fête, Quies imagine Flash Frais, masques apaisants pour les yeux fatigués. Le positionnement de Quies Flash Frais met en avant :

a. Une différenciation basée sur une caractéristique du produit.

b. Une différenciation basée sur le bénéfice apporté au consommateur.

c. Une différenciation basée sur un mode de consommation spécifique.

d. Une différenciation basée sur l'imaginaire de la marque.

4. Benoist crée un service de rénovation d'appartements haut de gamme : il aide le propriétaire à concevoir son projet, sélectionne les artisans et les fournisseurs et coordonne les travaux. Quel est le meilleur nom de marque pour son activité ?

a. Charme & Rénovation.

b. Great Lifestyle Empowerment.

c. Ben'Top'Deco.

d. Chanel Décoration.

5. Jérôme possède une entreprise de maillots de bain, dont la marque est SableBleu, qui marche très bien. Il décide de lancer une ligne de chemises décontractées. On lui conseille une stratégie de marque-caution, quel nom doit-il choisir pour cette nouvelle ligne ?

a. SableBleu.

b. Les chemises Bleues.

c. Chemises et Parasols.

d. Les Chemises by SableBleu.

Solutions

Question 1 : b. Son positionnement est simple, crédible, pérenne, attractif mais pas assez original pour un restaurant.

Question 2 : d. Cette formule exprime bien en quoi son agence est différente des autres.

Question 3 : b. Les masques apaisants Flash Frais apportent un vrai bénéfice à ceux qui ont les yeux fatigués.

Question 4 : a. Great Lifestyle Empowerment est impossible à prononcer et mémoriser. Ben'Top'Déco ne reflète pas le positionnement luxueux de l'enseigne. Chanel Décoration n'est pas possible car la marque Chanel est déjà déposée.

Question 5 : d. Ce nom de marque traduit la spécificité de la nouvelle gamme, tout en s'appuyant sur la renommée de la marque d'origine SableBleu.

IV. Agir : le marketing opérationnel

« Ce qui importe ce n'est pas d'être un homme d'action mais un homme d'action utile. »
René Carbonneau

Étape 9

Bâtir son offre produit/service

Définir le cœur de l'offre

L'étape 9 en un clin d'œil

1 Qu'est ce qu'un produit en marketing ?

Le terme produit désigne tout ce qui peut être offert sur un marché, en réponse aux besoins des consommateurs.

À l'origine du produit il y a le « concept produit », c'est-à-dire l'idée centrale qui correspond au positionnement. Le produit en lui-même est constitué de caractéristiques physiques (formule, qualité, packaging, identité sensorielle…) et immatérielles (services associés au produit…).

2 Gérer les produits

Gérer les produits consiste à renouveler l'offre à travers l'innovation, qui ne sera réussie que si elle parvient à bousculer les habitudes du consommateur.

À l'issue du processus d'innovation, le produit est lancé sur le marché… mais ce n'est que le début de l'aventure. Un produit a une durée de vie limitée, ses ventes et son niveau de rentabilité passent par différents stades qui constituent le cycle de vie.

Un produit existe rarement seul : il s'inscrit au sein d'une gamme, qui peut être courte, plus lisible pour le consommateur, ou longue pour mieux couvrir le marché.

1 Qu'est ce qu'un produit en marketing ?

Une fois la cible, le positionnement et la marque définis, commence alors la phase plus opérationnelle du marketing qui consiste à les matérialiser dans une offre concrète. Le marketeur va chercher à exprimer au mieux le positionnement au travers des quatre moyens qui constituent le mix marketing : le produit, le prix, la distribution et la communication. Le produit constitue le cœur de l'offre, puisque c'est ce que le client achète. Dans cette partie, vous découvrirez ce qu'est un produit au sens marketing, et aussi plus globalement comment bien définir une offre de produit ou de service, en partant du « concept produit », l'idée de départ, jusqu'aux différentes caractéristiques physiques et immatérielles de l'offre.

Comment définir un produit ?

■ Qu'est-ce qu'un produit > Mot-clé ?

Au sens marketing, un produit, c'est tout ce qui peut être commercialisé, que cela soit un objet ou un service, qu'il s'adresse au grand public ou aux entreprises.

La notion de produit est intuitivement associée à un bien de grande consommation ou à un produit industriel : une voiture, un journal, une machine à laver, une canette de boisson, un livre, un avion… Mais un produit peut être également un service : une réparation de voiture, un massage, un transport en avion, une carte de paiement, une nuit d'hôtel…

Au-delà des produits et des services commercialisés par les entreprises, on se rend compte que le marketing est aussi utilisé pour le développement d'autres « produits » bien éloignés du sens originel de ce mot : une idée (concept d'émission ou de série télé), un territoire (pays, région, ville…), un parti politique, une association, un club de foot, une personnalité…

Mot-clé

Un produit, c'est tout ce qui peut être offert sur un marché en vue de satisfaire un besoin du consommateur.

Qu'est-ce qu'un bon produit ?

Il répond à un besoin des consommateurs

Important
Un produit vise à satisfaire un besoin.

> Un T-shirt neuf de mauvaise qualité, vendu à bas prix, est un bon produit puisqu'il répond au besoin de se vêtir à moindre coût. Inversement un réfrigérateur d'excellente qualité, vendu au juste prix, est un mauvais produit… pour les Esquimaux, puisqu'il ne répond à aucun besoin pour ce peuple qui conserve ses aliments dans le froid ambiant.

Il est porteur de sens

Vous avez vu à l'étape 4 que les attentes des consommateurs ne se limitent pas à des besoins de première nécessité (se nourrir, se protéger du froid…), mais peuvent être de nature plus psychologique. De ce fait, le bénéfice apporté par le produit peut jouer sur un registre émotionnel.

> Un parfum n'est pas seulement un produit pour sentir bon, c'est aussi un signe de romantisme pour un parfum aux notes douces et fleuries, ou un signe de sensualité pour une essence plus capiteuse. Une voiture ne sert pas seulement à se déplacer, c'est aussi un signe de réussite sociale pour celui qui possède une voiture de luxe ou un signe de sensibilité écologique pour celui qui a préféré une voiture électrique.

De quoi se compose un produit ?

Un produit se compose d'un élément fixe, l'idée centrale du produit, appelée «concept produit»; d'éléments évolutifs, le produit physique que l'on peut voir, sentir, entendre, goûter, toucher; et du produit immatériel qui correspond aux prestations qui lui sont associées.

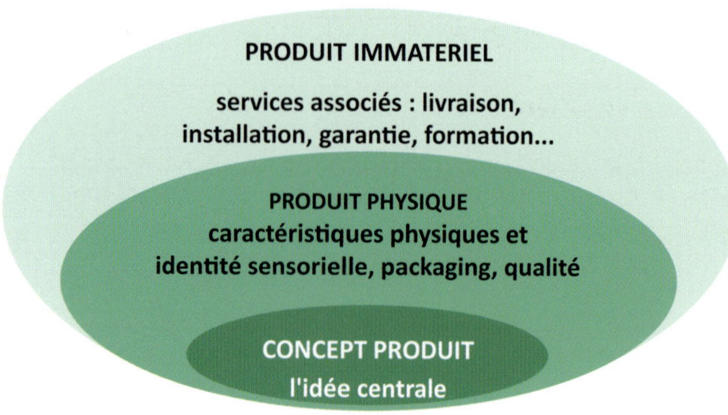

Les composantes d'un produit

Le concept produit

Qu'est-ce qu'un concept produit ?

Le concept produit > Mot-clé est une notion à la fois complexe et essentielle. Avant de mettre au point concrètement un produit, une formule ou un emballage, le marketeur doit définir le concept, c'est-à-dire l'idée centrale du produit, le bénéfice principal apporté par le produit aux clients. Cette réflexion est essentielle pour assurer la cohérence entre toutes les composantes du produit, et la supériorité du produit par rapport aux offres concurrentes.

Mot-clé

Le concept produit est l'idée centrale du produit. C'est ce que le client percevra de plus spécifique dans le produit.

Qu'est ce qu'un bon concept produit ?

Il est la traduction concrète du positionnement : les notions de « concept produit » et de « positionnement » sont proches dans la pratique marketing, même si le positionnement s'exprime aussi à travers les autres variables du mix marketing.

> Le positionnement de la Smart « une voiture pratique et maligne pour la ville » s'incarne dans le concept produit : une petite voiture qui se gare partout.

Il apporte au consommateur un bénéfice qui répond à une ou plusieurs de ses attentes.

> Le concept produit de « cubes de pâte à cookies prêts à cuire » répond à une attente de praticité. La mère de famille qui cherche à partager avec ses enfants le plaisir de la pâtisserie faite « maison » sans préparation compliquée et salissante tire un grand bénéfice dans cette idée de produit, puisqu'il ne lui reste plus qu'à déposer les cubes de cookies sur une plaque de four, et attendre qu'ils cuisent.

Il permet de se différencier des concurrents.

> Le concept produit de « Crunch, le chocolat qui croustille » permet de se différencier des autres concepts de tablettes de chocolat : chocolat à l'ancienne, chocolat au bon lait de vache, chocolat fort en cacao.

Piège à éviter

Changer son concept produit
Comme pour le positionnement, la pérennité est essentielle.

Huttopia : un concept produit qui offre le plaisir du camping en contact direct avec la nature

Les fondateurs de l'entreprise Huttopia décrivent ainsi leur mission : « réhabiliter le vrai camping, celui qui permet un contact direct avec la nature. » Le concept produit d'Huttopia, concrètement, est un réseau de campings installés sur de beaux sites naturels (forêts, montagnes...), offrant des installations confortables (tentes, cabanes, roulottes...) et respectueuses de l'environnement.

Le produit physique

Les caractéristiques physiques du produit

Dans les secteurs industriels, un produit est avant tout un objet, issu d'un processus de fabrication précis, qui peut se décrire par un certain nombre de caractéristiques physiques : sa recette (dans l'agroalimentaire), sa formule (dans les cosmétiques, la pharmacie, la chimie...), sa technologie (dans l'automobile, l'électronique...). Ces caractéristiques sont définies par le marketeur, en étroite collaboration avec les équipes de production et de recherche et développement. Le rôle du marketing est d'orienter vers le client et ses attentes la démarche scientifique et technique.

Dans le secteur des services, la politique « produit » ne porte évidemment pas sur un objet tangible. Toutefois il est nécessaire, tout autant que dans l'industrie, de définir les composantes fondamentales de l'offre.

> Sur la base d'un concept produit « une coupe de cheveux stylée et bon marché », la formule produit consiste à déterminer les modalités précises de la prestation de service : shampoing utilisé pour le lavage des cheveux, matériel mis à disposition des coiffeurs, temps passé aux différentes étapes, utilisation ou non de produits coiffants, technique de coupe employée par les coiffeurs…

Le coiffeur aussi définit son « produit »… qui est un service

Les caractéristiques physiques du produit s'expriment de plus en plus en termes d'identité sensorielle, qui est le fruit de l'attention portée au design. Autrefois, on travaillait surtout la vue et le goût, maintenant les entreprises font appel à nos cinq sens : il est possible de stimuler aussi l'odeur, le toucher et l'ouïe.

> Chez le coiffeur l'identité sensorielle s'exprime à travers la décoration du salon de coiffure, la musique diffusée, les matières et les couleurs choisies pour les blouses enfilées par les clientes…

Enfin, les caractéristiques physiques du produit se déclinent en termes de performance produit, c'est-à-dire la réponse apportée par le produit aux attentes du client. Elle se mesure ou se décrit précisément. Elle doit être à un niveau plus ou moins élevé en fonction de la qualité recherchée par le client.

> La performance produit d'une lessive est sa capacité à venir à bout de différents types de taches, mais aussi la mesure de son impact sur l'environnement. Celle d'une crème de beauté se mesure en termes d'évolution de la peau des utilisatrices (profondeur des rides, tonicité…) et aussi d'innocuité ou d'agrément à l'utilisation.

■ La qualité

Le marketing définit le niveau de qualité > Mot-clé attendu pour un produit ou un service en se basant sur les attentes des clients. La qualité est une notion complexe, parce qu'évoluant suivant les temps, les lieux et les personnes.

Mot-clé

La qualité correspond aux caractéristiques objectives d'un produit ou d'un service, lui conférant la capacité à satisfaire les attentes du client.

Astuce

Les outils de la qualité

Il existe aujourd'hui de nombreux outils de certification permettant d'associer une image de qualité à un produit : Label Rouge, Agriculture Biologique, Appellation d'Origine Contrôlée, normes Iso… L'utilisation de ces appellations impose le respect d'un cahier des charges précis pour l'élaboration du produit ou du service.

Les labels de qualité…

Comment définir la qualité d'un produit ?

- **Elle doit avoir un niveau suffisant** pour assurer le succès durable d'un produit.

> Rachèteriez-vous du pop-corn à préparer au micro-onde dont une partie a explosé sur les parois du four, ou est restée en grains de maïs ?

- **Elle doit être conforme à ce que souhaitent les clients.** Il est donc peu compétitif de faire de la sur-qualité, surtout quand les clients risquent de ne pas percevoir la différence.

> Les appareils photo intégrés dans les téléphones mobiles n'ont pas besoin d'offrir une excellente définition puisque les photos réalisées servent à l'envoi de messages multimédia et ne sont jamais imprimées sur papier.

- **Elle doit évoluer dans le temps.**

> La vitesse d'exécution des ordinateurs âgés de plus de 5 ans paraît terriblement lente aujourd'hui… alors que c'était le niveau de qualité normal à l'époque.

- **Elle doit être en ligne avec l'investissement financier du client.**

> Ainsi le client régulier d'un restaurant « 1 étoile » n'attend pas la même qualité lorsqu'il décide de s'offrir un restaurant « 3 étoiles ».

Comment établir la qualité d'un service ?

Si dans l'industrie un produit standardisé peut faire l'objet d'un contrôle qualité qui garantit quasiment le « zéro défaut », la situation est différente pour un service : l'enjeu est d'assurer la qualité d'une prestation tributaire des personnes qui en sont chargées, avec une variabilité importante d'un prestataire à l'autre (dans le cas d'un réseau, comme une chaîne de magasins ou de restaurants…). Il faut donc définir les critères de qualité du service, et les mesurer régulièrement (par le biais de clients mystères, par exemple). La politique qualité dans le domaine des services intègre une composante de ressources humaines, avec l'utilisation d'outils de formation, de motivation et d'évaluation.

Le packaging

Le packaging > Mot-clé est l'une des composantes les plus importantes du produit physique pour les produits industriels. Son importance est liée aux nombreuses fonctions qu'il remplit, fonctions techniques et fonctions de communication : ces produits sont vendus en libre-service, ils doivent donc parler eux-mêmes au consommateur, sans l'aide d'un vendeur.

Michel & Augustin : grâce au packaging, les produits vendus en libre-service parlent au consommateur

Mot-clé

Le packaging (ou emballage, ou conditionnement) enveloppe un produit pour le conserver, le protéger, faciliter son transport, le mettre en valeur en linéaire, et enfin pour faciliter son utilisation par le consommateur.

Les fonctions techniques du packaging

- **Protéger et conserver le produit :** contre les chocs, l'humidité, la chaleur, les microbes… et aussi contre le vol et la fraude.

> Les boîtes métalliques rondes et hermétiques évitent l'oxydation de la peinture. Les sur-emballages volumineux des produits de maquillage ou des lames de rasoir vendus en grandes surfaces limitent le vol en magasin.

- **Faciliter le transport, le stockage et l'élimination,** en favorisant une bonne manutention pour le distributeur et l'utilisateur, un gain de place et une élimination facile après usage.

> Le film qui entoure les bouteilles d'eau minérale permet de les transporter et s'élimine facilement.

- **Faciliter l'utilisation :** en permettant une ouverture facile, une bonne prise en main, une consommation individuelle…

> Les flacons souples permettent de doser la mayonnaise dans l'assiette, tandis que les portions individuelles (de glace, de biscuit…) favorisent une consommation personnalisée. Le beurrier de La Motte de Président sert à la fois à protéger et à présenter le produit… le tout avec élégance.

La Motte Président, un emballage pratique et esthétique

- **Limiter l'impact sur l'environnement :** après des années de course aux emballages de plus en plus luxueux, fonctionnels et volumineux, la tendance actuelle consiste à réduire le nombre d'emballages ou à développer des emballages qui consomment moins de matière première.

> Les producteurs de champagne se sont mis d'accord en 2010 pour alléger leur bouteille : elle passe de 900 à 835 g. Des hypermarchés mettent en place avec succès la vente de produits d'épicerie sèche en vrac (lentilles, pâtes, riz…) comme dans les magasins d'autrefois.

Miel Pops de Kellogg's : un packaging qui attire le regard, permet d'identifier le produit et la marque, exprime le concept produit et donne envie d'acheter !

Les fonctions de communication du packaging

- **Attirer le regard en linéaire :** pour être choisi, un produit doit être vu !

> Certaines marques lancent des produits affichant une couleur délibérément en rupture avec les codes habituels du rayon, comme le shampoing Fructis (vert pomme).

- **Favoriser l'achat d'impulsion :** pour être choisi, un produit doit faire envie !

> Les fabricants de plats préparés le savent bien, c'est la fumée qui s'échappe du plat représenté sur l'emballage qui le rend appétissant… De même, les fabricants de produits pour enfants rivalisent d'imagination pour proposer des produits aux formes ludiques, aux couleurs vives, ou évoquant leurs héros préférés pour « faire craquer » les enfants devant le rayon.

- **Assurer l'identification du produit et la reconnaissance de la marque :** pour être choisi, un produit doit être facilement identifié en linéaire et la marque reconnue immédiatement.

> Que serait Tic Tac sans sa boîte ? La crème Nivea sans son pot rond et bleu ? La Vache qui rit sans sa tête rouge et souriante sur la boîte ?

- **Exprimer le concept produit :** pour être comprise, l'idée centrale du produit doit être traduite au travers de toutes les composantes du produit, et notamment par le packaging, premier contact visuel entre le produit et le consommateur.

> Les bouteilles d'eau minérale qui aident les femmes à mincir comme Contrex et Taillefine sont resserrées au milieu pour exprimer une taille mannequin, et adoptent des codes féminins avec des imitations de drapé de vêtement et des couleurs douces. À l'inverse, les bouteilles d'eau minérale qui promettent de la vitalité comme Vittel ont une forme élancée avec des couleurs vives.

■ **Donner des informations sur le produit :** le packaging doit fournir les informations attendues par le consommateur ou imposées par la législation, comme la composition, les qualités nutritionnelles ou la date limite de consommation. Il fournit aussi des conseils sur la manière d'utiliser le produit.

Le produit immatériel

Au-delà du concept produit et de ses caractéristiques physiques, un produit comporte des composantes immatérielles qui sont des services associés : service après-vente, service de retouches, livraison à domicile, entretien, personnalisation, magazines destinés aux clients… Ces services peuvent être optionnels ou systématiques, gratuits ou payants, selon leur nature et le positionnement du produit.

> Pour un salon de coiffure, il s'agit de définir si on offre une boisson ou un café à la cliente ; quels magazines sont mis à sa disposition ; quels produits complémentaires sont commercialisés dans le salon (shampoings, barrettes, bijoux…) ; si le salon dispose d'une carte de fidélité, d'une base de données pour enregistrer les coordonnées de chaque cliente et mémoriser les différentes prestations effectuées…
> Les compagnies aériennes *low cost* ont rendu payants tous les services associés à la prestation de base, le transport (repas servis à bord, journaux…) ; alors que les compagnies traditionnelles offrent gratuitement ces mêmes services à leurs passagers.

La tendance actuelle est d'enrichir l'offre en services associés, car ceux-ci peuvent constituer un puissant moyen de différenciation et de fidélisation… à condition d'être mis en œuvre correctement. Car le danger d'un service, c'est qu'une prestation ratée laisse un souvenir désagréable au consommateur qui en a fait les frais !

> Un consommateur qui achète une imprimante se voit offrir une heure de cours particulier en informatique.
> Une marque de lessive offre à ses clients, via son site internet, des conseils précis pour l'entretien du linge.
> Dans le secteur automobile, on ne vend plus une voiture toute seule mais au sein d'un bouquet de prestations : entretien, réparation, assurance…

Les voitures s'achètent de plus en plus souvent avec un contrat de services qui inclut les réparations…

2 Gérer les produits

Un produit n'est pas mis au point de manière définitive, une fois pour toutes. Il fait l'objet d'évolutions et d'adaptations multiples dans le temps, un peu à la manière d'un être vivant : il passe par les différentes étapes de son cycle de vie et se constitue une famille, la gamme.

L'innovation produit

Mot-clé

Le caractère **innovant** d'un produit est déterminé par la perception des consommateurs, pas forcément par une innovation technologique.

■ Qu'est ce qu'un produit innovant > Mot-clé ?

Le point de départ de l'existence d'un produit est sa création, qu'en marketing on appelle « innovation ». On pourrait penser comme évident que tous les nouveaux produits ou services présentent un caractère « innovant » qui justifie leur apparition. L'analyse des innombrables nouveautés qui garnissent les rayons des magasins montre que ce n'est pas toujours le cas. La raison principale est qu'il est difficile d'être innovant dans un environnement concurrentiel où tout, ou presque, a déjà été inventé – et se copie instantanément ; et ce, d'autant plus, que le caractère innovant d'un produit est une perception subjective qui varie beaucoup d'un consommateur à l'autre, en fonction de son expérience, de ses besoins et de ses valeurs.

Technique

Les différentes innovations

Pour le marketing, le caractère innovant d'un produit s'analyse selon deux dimensions : d'une part le degré d'innovation technologique, et de l'autre la capacité du nouveau produit à modifier les comportements des consommateurs (*cf.* tableau ci-contre).

Les innovations les plus recherchées sont les **innovations radicales**, comme l'apparition de l'Ipod : elles visent à modifier en profondeur les habitudes des consommateurs en s'appuyant sur une révolution technologique, difficilement imitable par la concurrence.

Les **innovations de rupture** ont en commun un degré d'innovation technologique restreint, mais une forte capacité à bousculer les habitudes des consommateurs. L'eau en bouteille « Badoit rouge » invite à consommer cette marque en dehors de son territoire traditionnel, le repas ; les chewing-gums vendus en pots de 60 (Freedent), sont destinés à sédentariser la consommation…

Les **innovations de renouvellement** sont nombreuses : il s'agit de créer une variante d'un produit déjà existant (nouveau parfum, nouveau format…).

Les **innovations de production** sont peu perçues par le consommateur mais elles peuvent avoir un impact élevé sur la rentabilité d'une marque car on modifie le processus de production : par exemple nouveau matériau qui allège le conditionnement.

		Capacité à modifier les comportements des consommateurs	
		Faible	Forte
Degré d'innovation technologique	Faible	Innovation de renouvellement 	Innovation de rupture 
	Forte	Innovation de production 	Innovation radicale 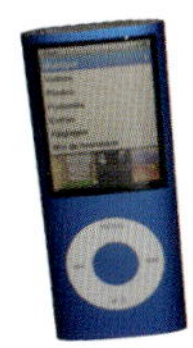

Différents types d'innovation

Les enjeux de l'innovation

Il est vraiment difficile d'apporter au marché de réelles innovations : les innovations technologiques nécessitent de gros investissements en recherche et développement. Les innovations réussies doivent bousculer durablement les habitudes de consommateurs par nature réticents au changement. Pourtant, les entreprises ne cessent d'innover. Les équipes marketing consacrent une grosse part de leur temps et de leur énergie à développer de nouveaux produits.

L'innovation est une nécessité économique pour l'entreprise

Innover est un des leviers fondamentaux de croissance. Condamnées à vendre toujours plus, à générer plus de profit, les entreprises lancent de nouveaux produits car cette activité les place dans une logique de conquête, leur confère une image dynamique. L'innovation permet de se différencier des concurrents, de séduire les distributeurs, de densifier le contenu de la communication… De plus, le nouveau produit se vend plus cher et, malgré les investissements nécessaires à son développement, il est souvent plus rentable. Mais l'innovation est vite rattrapée, voire dépassée par celle des concurrents. C'est pourquoi une entreprise ne peut jamais s'arrêter dans la course à l'innovation !

Technique

Comment se fait l'adoption d'un nouveau produit par le marché ?

Dans un premier temps, ce sont les consommateurs « précurseurs » qui achètent le produit. Ces consommateurs, peu nombreux, sont en avance sur les tendances de société et aiment tout ce qui est nouveau. Ils constituent une cible de communication spécifique, les **leaders d'opinion**. L'enjeu est de réussir, dans un second temps, le passage à une clientèle plus large de consommateurs « suiveurs » qui vont s'intéresser au produit, avec un potentiel de chiffre d'affaires plus conséquent.

L'innovation est incontournable pour répondre aux besoins des consommateurs

Le consommateur aime l'innovation qui stimule son envie d'acheter, d'essayer de nouveaux produits, de tester de nouvelles saveurs… La difficulté dans le lancement d'un nouveau produit n'est pas de le faire essayer : pour cela il suffit d'investir en communication. L'enjeu clé est d'amener le consommateur à racheter le produit, modifiant ainsi ses habitudes de consommation. Le consommateur rachète un produit qui répond à un réel besoin, qui résout efficacement un de ses problèmes.

Avis d'expert

Olivier Hausheer, directeur général d'XTC World Innovation

Quelles sont les tendances en matière d'innovation aujourd'hui ?

« XTC World Innovation a mis au point une segmentation permettant de qualifier la nature des bénéfices consommateurs d'une innovation dans le domaine des produits alimentaires. Les attentes fondamentales des consommateurs sont organisées en cinq axes, eux-mêmes déclinés en tendances, représentant les différents types de "réponses produit". Enfin, les leviers d'innovation permettent d'affiner l'analyse du caractère innovant. >>>

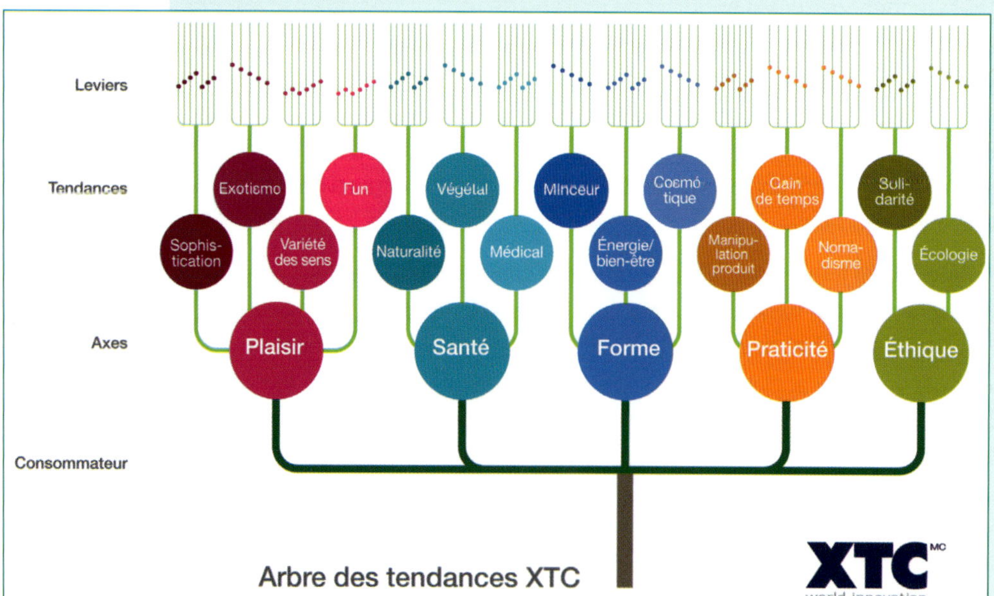

Arbre des tendances XTC

>>> Le Plaisir demeure un axe d'innovation incontournable : une innovation sur deux en moyenne. La tendance Variété des sens se développe nettement, permettant la découverte de nouveaux goûts, nouvelles saveurs, couleurs, sensations. Les textures sont plus franches, ou plus contrastées, les goûts plus forts, pimentés, provocants sans pour autant être dénués de douceur : la douceur du miel bousculée par des épices par exemple.
Dans un autre registre, la technologie va permettre de renouveler les leviers de l'interactivité avec le consommateur : flash codes, utilisation des smartphones en magasin…
Les préoccupations santé et forme sont particulièrement porteuses d'innovation dans les produits alimentaires : après une décennie d'arguments médicamenteux (santé cardio-vasculaire, intellect, mémoire, protection cellulaire, etc.), d'autres discours prennent désormais un contre-pied bienvenu, en s'appuyant notamment sur des ingrédients naturels : les superfruits, le thé vert, la stevia… sans oublier la multiplication des produits "Bio".
La prochaine décennie semble également ouverte aux produits qui répondront au besoin de contrôle de la part du consommateur : réguler son appétit, doser l'apport calorique, contrôler le taux de sel.
Les valeurs liées à la praticité s'expriment aujourd'hui avec des produits aidant à gérer son temps : cuisson au micro-onde, aides culinaires, "box" repas…
Demain, les fonctionnalités packaging devront intégrer des solutions innovantes attendues par la population grandissante et exigeante des seniors.
Enfin, l'écologie et la durabilité sont des valeurs qui vont nécessairement compter dans l'innovation de la prochaine décennie : suppression des suremballages, réduction de poids, des émissions de CO_2, intégration du "locavore" dans la distribution moderne. »

Pièges à éviter

Les causes d'échec des nouveaux produits

En France 30 000 références nouvelles arrivent sur les rayons des hypermarchés chaque année. Mais environ la moitié de ces nouveaux produits ont disparu au bout de deux ans. Pourquoi une telle hécatombe ?

– Ils ne se différencient pas assez d'un produit existant.

Les 4 × 4 des constructeurs français se vendent difficilement après le succès des modèles commercialisés par les marques japonaises, déjà installées sur le marché.

– Ils déçoivent en n'apportant pas le bénéfice attendu.

Le yaourt Essensis de Danone n'a pas réussi à fidéliser sa clientèle sur la promesse d'améliorer l'hydratation de la peau de ses consommatrices.

– Ils ne répondent pas à un réel besoin des consommateurs.

Échec du lancement d'une crème glacée pour chiens ou d'une eau en bouteille pour chats !

– Ils sont pertinents mais l'entreprise manque de ressources pour les développer.

Le yaourt BA, premier arrivé sur le marché des laitages aux ferments actifs, a été distancé par Activia de Danone, lancé l'année suivante (sous la marque Bio) : l'entreprise qui l'avait développé, la Laiterie Saint-Hubert, a été dépassée en moyens financiers par le groupe Danone.

30 000 nouveaux produits de grande consommation par an

En pratique

Le processus de développement d'un nouveau produit

L'innovation est un processus de longue haleine. Entre la première idée du nouveau produit et sa commercialisation, il peut se passer plusieurs années (pour une automobile, un médicament) ou plusieurs mois (dans l'industrie agroalimentaire).

1. La recherche d'idée s'effectue à partir de sources variées :

Les sources internes : équipes de chercheurs, séminaires de créativité, voire parfois de simples « boîtes à idées » mises à disposition des salariés…

L'observation des concurrents : la veille concurrentielle, mission essentielle, consiste à observer les nouveaux produits lancés dans le monde entier… et parfois à se renseigner discrètement sur ceux qui sont en cours de développement. Si le but poursuivi, améliorer la compétitivité de l'entreprise, est honorable, les méthodes employées le sont parfois moins : la guerre de « l'intelligence économique » est de plus en plus virulente, avec l'aide d'officines spécialisées appartenant au monde du renseignement.

Les experts en innovation : bureaux de style, cahiers de tendances, lettres de veilles, salons professionnels… tous ces outils contribuent à la recherche d'idées – sans garantir toutefois une grande originalité.

Les consommateurs : ils constituent une ressource intéressante, à condition de les approcher de manière approfondie. Plutôt que de demander au consommateur de quels produits il aurait besoin, il convient de le faire parler en profondeur des problèmes qu'il rencontre et d'imaginer ensuite le produit qui pourrait lui apporter une solution.

2. Le test de concept permet de retenir la meilleure idée :

Les idées de nouveaux produits sont présentées à des consommateurs sous forme de schémas ou de maquettes. On les interroge sur leur compréhension et leur intérêt pour le produit, à minimiser toutefois car ils sont plus complaisants lors d'une enquête que dans la réalité des magasins !

3. Le développement du produit s'accompagne de nouveaux tests :

Compte tenu des investissements importants nécessaires au développement de nouveaux produits, on réalise des tests à plusieurs étapes du processus (test sensoriels et hédoniques de formule, test de packaging, marché-test…) pour réduire le risque d'échec et optimiser le mix marketing du nouveau produit. Mais ils ne permettent pas d'améliorer une mauvaise idée de départ et de rendre pertinent un concept produit inapproprié !

Le cycle de vie du produit > Mot-clé

À l'issue du processus d'innovation, le produit est lancé sur le marché… ce n'est que le début d'une aventure qui s'apparente à la vie d'un être humain.

Phases du cycle de vie	Lancement	Croissance	Maturité	Déclin
Actions marketing à mener	Faire connaître le produit et inciter au premier achat	Optimiser la distribution du produit Lutter contre l'arrivée des concurrents	Maintenir coûte que coûte la part de marché : communication, promotion, baisse des prix…	Réduire les dépenses : plus ou peu d'actions marketing
Ventes	Démarrage lent	Croissance rapide	Stabilité à un niveau élevé	Baisse
Profits	Faibles ou négatifs	Élevés	Importants mais en baisse	Baisse

Les phases du cycle de vie d'un produit

Mot-clé

Le cycle de vie désigne les différents stades de l'existence d'un produit. Un produit a une durée de vie limitée, ses ventes passent par différents stades d'évolution, son niveau de rentabilité varie en fonction de chaque stade du cycle. Les plans d'action marketing les plus appropriés diffèrent à chaque stade.

La vie du produit s'arrête quand son maintien devient économiquement irrationnel : les coûts deviennent trop importants par rapport aux ventes. Il faut veiller toutefois à la réaction du noyau de consommateurs résiduels, peu nombreux mais qui peuvent se montrer déçus par la disparition de leur produit.

> L'arrêt de la production des appareils photos instantanés Polaroid, annoncé pour 2009, désespère de nombreux utilisateurs, notamment dans les milieux de la photographie professionnelle et artistique pour qui le Polaroid était un outil utile !

Le cycle de vie d'un produit s'analyse en parallèle avec celui du marché (présenté à l'étape 3). Le cycle de vie du marché est plus long et pas nécessairement en phase avec celui du produit. Un produit en phase de lancement (une nouvelle voiture) peut appartenir à un marché en maturité (l'automobile).

La gestion d'une gamme de produit

Un produit existe rarement tout seul. Il s'inscrit dans une gamme > Mot-clé qui constitue, en quelque sorte, sa famille.

Mot-clé

On appelle **gamme** un ensemble de produits liés entre eux du fait qu'ils fonctionnent de la même manière, s'adressent aux mêmes clients, ou sont vendus dans les mêmes types de points de vente.

■ Comment choisir entre gamme courte et gamme longue ?

Le choix de constituer une gamme de produits plus ou moins longue dépend de plusieurs considérations :

Technique

Les caractéristiques d'une gamme de produits

Une gamme se déroule selon deux dimensions :

La largeur est le nombre de lignes de produits au sein d'une gamme : *par exemple la gamme d'eau minérale Contrex contient une ligne « Eau plate nature » et une ligne « Eau plate aromatisée ».*

La profondeur est le nombre de produits différents dans une ligne : *par exemple chaque ligne de Contrex est déclinée sur différents formats de bouteilles.*

Au final, la longueur est le nombre total de produits différents dans la gamme. On l'obtient en multipliant la largeur par la profondeur.

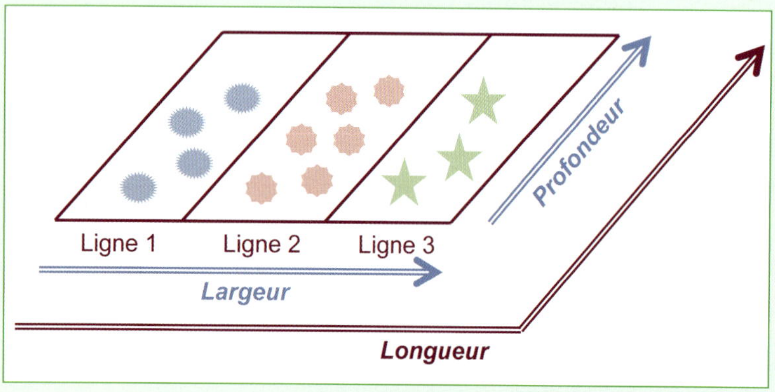

■ **La gamme courte** est intéressante parce qu'elle offre une lisibilité et une cohérence bien meilleures pour le consommateur. Elle bénéficie d'un accueil plus facile auprès de la grande distribution, qui cherche en permanence à optimiser l'allocation de ses linéaires et rechigne à implanter des gammes importantes de produits différents.

> Une marque comme Nutella, qui fonctionne avec une gamme courte (déclinaison du pot en quelques formats), fait la démonstration qu'un concept produit pertinent n'a pas forcément besoin de multiples déclinaisons.

■ **Une gamme longue** présente l'avantage de mieux couvrir le marché, en répondant à une plus grande variété de besoins du consommateur. Une telle gamme est moins vulnérable face à la concurrence qu'un mono-produit. L'inconvénient réside dans le coût et la complexité induits par la gestion de multiples références, et l'éventuel risque de cannibalisation de certaines références entre elles.

> Une marque de shampoing a intérêt à proposer une gamme complète pour apporter une réponse ciblée aux différents problèmes de cheveux (courts, longs, bouclés, secs, colorés…).

La tendance actuelle est à l'allongement des gammes, qui répond à la nécessité de sur-segmenter l'offre pour répondre à des attentes-consommateur de plus en plus ciblées. Ceci conduit à un encombrement sans précédent des rayons. On peut s'interroger sur la pertinence et l'efficacité économique de cette multiplication des références.

> Le nombre de références de Produits de Grande Consommation en hypermarché a été multiplié par 2 en 10 ans, alors que les surfaces occupées par ces magasins sont stables.

Comment gérer dans le temps sa gamme de produits ?

L'évolution la plus significative pour une gamme de produits est de l'étendre vers une portion du marché plus haut ou plus bas de gamme.

- **L'extension vers le haut de gamme** permet de valoriser la marque, de se placer sur des créneaux plus rentables et moins concurrentiels.

> Les marques d'électronique grand public, comme Sony, ont attaqué le marché de l'appareil photo numérique en commençant par le produit le moins cher et le plus généraliste, l'appareil « compact » ; mais la concurrence intense sur ce segment du marché et l'érosion de la demande ont amené Sony à lancer une gamme d'appareils « reflex », beaucoup plus chers et sophistiqués, qui étaient auparavant la chasse gardée des *leaders* historiques de la photo comme Canon et Nikon.

- **L'extension vers le bas de gamme** permet généralement de développer les ventes en touchant une clientèle plus large.

> C'est le rôle de l'offre de parfums pour les marques de couturiers : les vêtements et accessoires de mode qu'elles commercialisent sont inabordables pour la majorité des consommateurs. Ces marques restent confidentielles jusqu'au jour où elles lancent un parfum, vendu quelques dizaines d'euros dans les vastes réseaux de parfumeries. Ces parfums génèrent pour la marque des revenus plus importants que les activités historiques de création.

- **L'élagage** est rendu nécessaire par l'existence d'un grand nombre de références pour une marque, difficiles à gérer et à référencer en distribution.

> Une marque d'œufs est passée de 24 à 7 références en concentrant sa segmentation sur les attentes clés des consommateurs : taille de l'œuf et fraîcheur

A vous de jouer !

1. Hélène décide de monter sa propre collection de layette pour cadeaux de naissance. Elle hésite entre plusieurs concept-produits. Quel est le meilleur ?

a. Des vêtements pour bébés dans de jolies couleurs pastel.

b. Des vêtements pour bébés qui restent impeccables même après plusieurs dizaines de lavages.

c. Des vêtements pour bébés coupés dans des matières douces et précieuses : cachemire, soie matelassée et voile de coton.

2. Christiane vend dans des salons de loisirs créatifs des kits de broderie contenant le tissu, les explications et le fil pour réaliser de jolis tableaux. Elle décide de choisir comme packaging de simples enveloppes de papier blanc.

a. C'est une bonne idée car cela correspond à la tendance d'alléger les packagings.

b. C'est une mauvaise idée car l'enveloppe blanche n'attire pas vraiment l'attention des clientes.

c. C'est une bonne idée car c'est un matériau facilement recyclable.

d. C'est une mauvaise idée car l'enveloppe n'est pas pratique pour ranger et transporter l'ouvrage en cours de la réalisation.

3. Béatrice lance un parfum qui ne s'applique pas directement sur le corps mais se dilue dans l'eau du bain, dont on ressort délicatement parfumé. Comment qualifier cette innovation ?

a. Innovation radicale.

b. Innovation de production.

c. Innovation de rupture.

d. Innovation de renouvellement.

4. Jean et Maurice vendent dans leur boutique de modélisme des peintures pour maquettes et modèles réduits. Jean a sélectionné une gamme qui propose 2 textures différentes et 20 couleurs dans

chaque texture. Maurice préfère une gamme qui propose 4 textures et 10 couleurs. Laquelle de ces affirmations est vraie ?

a. La gamme de Maurice est deux fois plus large que celle de Jean.

b. La gamme de Maurice est deux fois plus profonde que celle de Jean.

c. La gamme de Maurice est deux fois plus longue que celle de Jean.

5. Françoise est directrice marketing d'une marque de chaussures pour femmes, positionnée dans le moyen de gamme. Une jeune styliste à la mode lui propose de dessiner trois modèles chaque saison, qui seront vendus un peu plus cher que le reste de la collection.

a. C'est une mauvaise idée car si c'est cher les clientes ne vont pas l'acheter.

b. C'est une mauvaise idée car il va y avoir encore plus de produits dans les magasins, c'est compliqué !

c. C'est une bonne idée car cela donne à la marque une image plus mode et plus pointue.

Solutions

Question 1 : c. Les « jolies couleurs pastel » ne sont pas assez différenciantes et les vêtements « qui résistent aux lavages » ne correspondent pas à une attente des personnes qui offrent un cadeau de naissance à un tout petit bébé !

Question 2 : toutes les réponses sont justes ! L'idée de l'enveloppe est bonne mais il faudrait y ajouter des informations et une photo du modèle pour que ce packaging joue bien son rôle de communication.

Question 3 : c. Ce n'est pas une révolution technologique mais c'est une innovation qui modifie les habitudes des consommateurs : c'est bien une innovation de rupture.

Question 4 : a. La gamme de Maurice comporte quatre textures, elle est donc deux fois plus large que celle de Jean qui n'en a que deux. En revanche la gamme de Jean est deux fois plus profonde (20 couleurs au lieu de 10). Les deux gammes dont de même longueur : 40 références.

Question 5 : c. Cette extension vers le haut de gamme valorise la marque.

Cat. 1
Cerises ARDÉCH
CROQUANTES
kg 5€90
SUMMIT
La Livre 2€

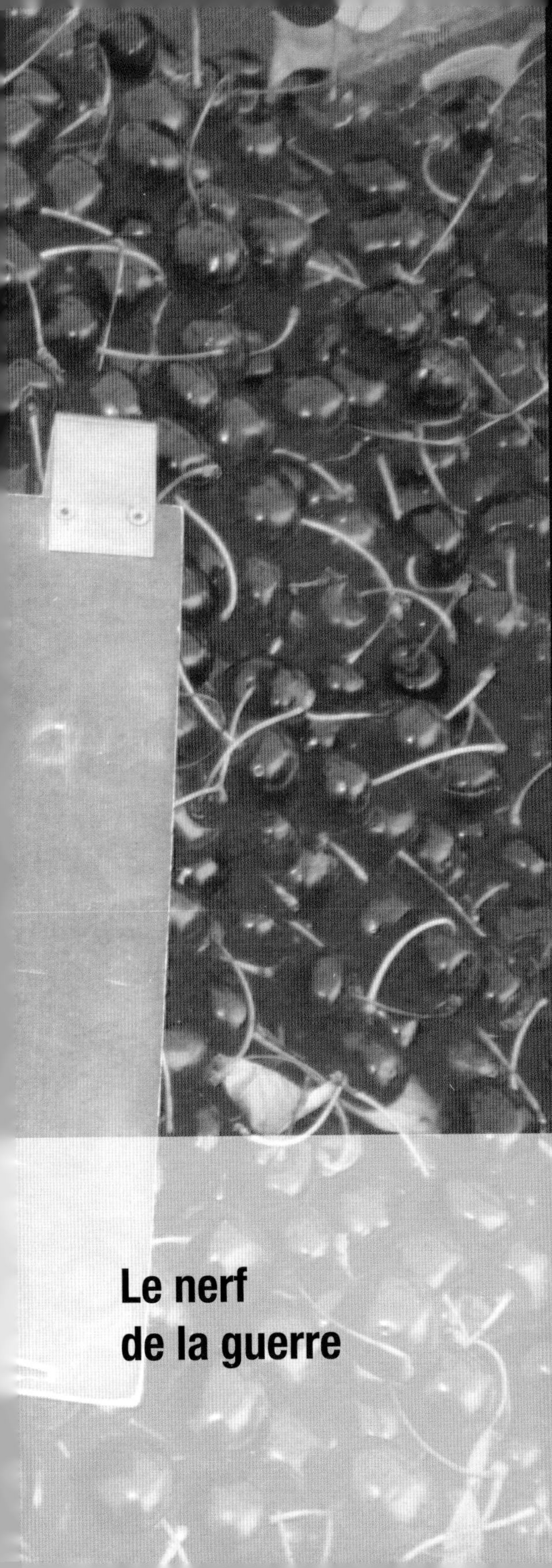

Étape 10

Fixer son prix

Le nerf de la guerre

L'étape 10 en un clin d'œil

1 La politique prix en marketing

La gestion du prix est complexe : le juste prix doit permettre un équilibre entre ventes et rentabilité. L'enjeu est d'autant plus important que le consommateur est devenu très sensible au prix. Le prix est aussi soumis à des contraintes d'ordre économique, réglementaire et marketing.

2 Comment déterminer son prix ?

Le prix d'un produit doit être rentable, pour que l'entreprise ne perde pas d'argent ; acceptable par le consommateur, dont la demande varie ; et compétitif par rapport aux concurrents.

1 La politique de prix en marketing

Vu de loin, fixer le prix > Mot clé d'un produit ou d'un service est considéré comme un exercice technique pas franchement passionnant, une étape obligée des fameux « 4 P ». Mais lorsqu'on parle avec des marketeurs, ils sont unanimes pour dire que c'est, à notre époque, la variable la plus importante parmi les quatre : les enjeux liés au prix sont énormes pour l'entreprise comme pour le consommateur ; définir le juste prix est un exercice des plus délicats.

Mot-clé

Le prix est le sacrifice monétaire qu'un consommateur doit consentir pour acquérir un produit ou un service.

L'enjeu du prix

■ Le prix est une variable d'équilibre

Fixer son prix met le marketeur dans un état d'esprit particulier : il ne s'agit pas de chercher comment répondre au mieux aux attentes du consommateur, mais comment le frustrer le moins possible en lui proposant le produit au prix qui lui parait juste. Le prix idéal n'est pas nécessairement le moins cher possible, mais le marketeur sait que s'il baisse son prix, il a de fortes chances de vendre davantage. Le prix conditionne aussi la rentabilité de l'entreprise : si le prix baisse trop, la marge unitaire diminue et n'est pas forcément compensée par le volume de vente supplémentaire. À l'inverse, en privilégiant la marge avec une politique de prix élevé, on perd des clients potentiels. L'exercice du prix est donc un arbitrage fin entre le volume et la rentabilité, entre la perception du consommateur et le pilotage de l'entreprise.

■ Le prix joue un rôle clé dans la stratégie de la marque

Le prix constitue rarement à lui tout seul un positionnement ; mais le positionnement et l'axe de différenciation choisis par la marque conditionnent le niveau de prix qui peut être pratiqué. Le succès de la stratégie de l'entreprise passe donc par la fixation d'un prix cohérent avec l'ensemble des autres décisions prises pour définir l'offre et la présenter au consommateur.

Certaines marques de cosmétiques choisissent comme positionnement la performance dans la lutte contre les rides. Pour rendre cette promesse crédible, elles doivent certes développer des formules efficaces, mais aussi les présenter dans des pots luxueux, les vendre de manière sélective dans des points de vente spécialisés… et définir un niveau de prix élevé, cohérent avec l'ensemble de l'offre.

Le prix d'une crème antirides rend sa promesse plus crédible

Important

Le consommateur n'a jamais été aussi attentif et réactif au prix qu'à notre époque.

72 %
des Français sont clients du hard discount

Le consommateur actuel est sensible au prix

Plusieurs raisons expliquent ce comportement :

Le consommateur recherche les bonnes affaires

Les péripéties économiques et sociales des vingt dernières années ont conduit les pays de la vieille Europe dans une situation inédite : les nouvelles générations ont en moyenne un niveau de vie moins confortable que leurs parents. Ces générations prennent conscience dès leur plus jeune âge que pour pouvoir consommer ce qui leur fait plaisir, notamment dans l'univers du divertissement et des nouvelles technologies, il faut réaliser des arbitrages sévères sur les autres postes de dépense : soit consommer moins, soit consommer moins cher.

Les comportements économes, qui étaient autrefois stigmatisés comme « radins », sont aujourd'hui valorisés et décomplexés : on est fier d'acheter « malin », de payer un produit moins cher, de profiter des soldes, des magasins d'usine, des promotions. Les sites comme radins.com se multiplient. 72 % des Français fréquentent, au moins de manière occasionnelle, les magasins de *hard discounters* (TNS Worldpanel 2009).

Comparer les prix est devenu facile

Autrefois, le consommateur qui voulait comparer les prix avant d'effectuer un achat important devait se livrer à une fastidieuse étude de marché en allant d'un magasin à un autre, bloc-notes en main. Aujourd'hui, quelques clics sur internet suffisent. Il existe même des sites spécialisés, les comparateurs de prix, comme kelkoo.com.

> Plusieurs enseignes de grande distribution ont mis en place des sites comparateurs de prix, comme quiestlemoinscher.com de E.Leclerc. Ce site affiche les prix d'environ 1 500 produits de consommation courante, relevés dans plus de 700 magasins. Il communique pour chaque produit le prix moyen pratiqué par chaque enseigne (E.Leclerc, Carrefour, Auchan…).

Le consommateur a de plus acquis toute la culture nécessaire pour décrypter la logique économique des entreprises et comprendre comment se décompose le prix d'un produit : les magazines ou les émissions de télé comme Capital, les enquêtes menées par les associations de consommateurs comme Que Choisir vulgarisent les notions propres au monde de l'entreprise. Le consommateur a toutes les cartes en main pour savoir si le prix affiché est correct ou non.

Le consommateur choisit le prix quand les produits sont interchangeables

Toutes les marques ne sont pas condamnées à sacrifier leurs marges pour continuer à vendre leurs produits. Certaines, dans l'univers du luxe, des nouvelles technologies ou même de la consommation courante, parviennent à maintenir des prix élevés dès lors qu'elles ont un positionnement suffisamment fort et différencié pour éveiller le désir du consommateur, quel que soit le prix à payer.

Le prix devient le critère de choix prioritaire quand les marques perdent leur capacité d'enchantement, quand elles abandonnent la partie de la différenciation et de l'innovation de rupture, se contentant d'inonder le marché de produits interchangeables et fades.

La multiplication des promotions renforce encore ce phénomène en décrédibilisant le prix affiché au départ : 31 % des ventes de vêtements en France le sont à un prix démarqué, lors de soldes ou de promotions (IFM 2009) ; la majeure partie des consommateurs a l'impression de se faire avoir en achetant un article au prix de départ affiché sur l'étiquette !

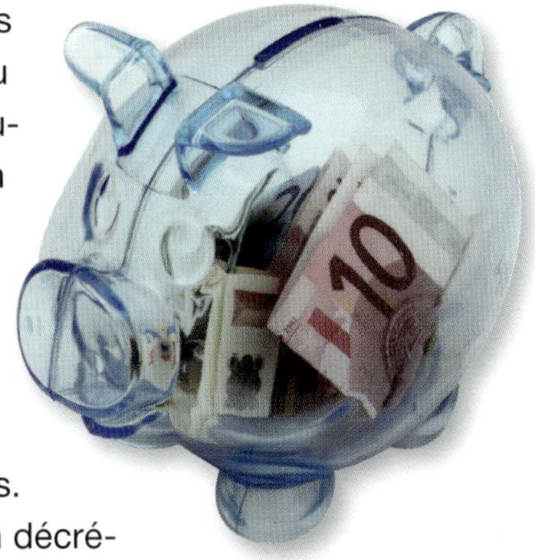

Les comportements économes sont devenus à la mode

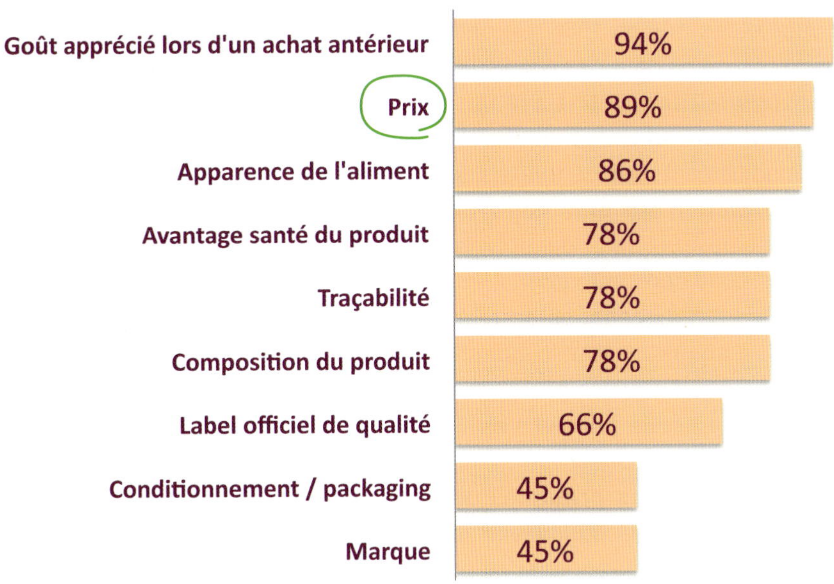

Le prix est le deuxième critère d'achat pour un produit alimentaire (Credoc – Baromètre alimentation 2008)

Le prix est une variable soumise à de nombreuses contraintes

■ Les contraintes économiques

Dans notre économie mondialisée, de nombreux facteurs peuvent influencer le prix d'un produit :

■ **Le cours des matières premières** industrielles et agricoles connaît depuis quelques années de fortes variations qui ont un impact sur le prix de vente des produits.

■ **Les variations de change** entre monnaies modifient la compétitivité du prix des produits importés ou exportés.

■ **Les politiques commerciales internationales** sont théoriquement favorables au libre-échange. Il subsiste pourtant de nombreuses restrictions (barrières douanières, quotas, taxes...) qui impactent le prix des produits exportés.

■ Les contraintes réglementaires

En France le principe de base est la liberté des prix, depuis l'abrogation du contrôle des prix en 1986. Ce principe universel connaît toutefois des restrictions : on ne peut pas vendre un produit à n'importe quel prix.

■ **Produits avec un prix fixé :** les prix ne sont pas libres pour les livres (loi Lang qui autorise une remise maximum de 5 %), le tabac, l'alcool, l'énergie, les médicaments, les honoraires de certaines professions libérales...

■ **Interdiction des ententes :** les entreprises ne peuvent pas se concerter pour fixer les prix dans leur secteur, car cela fausse le jeu de la concurrence et pénalise le consommateur.

Plusieurs condamnations pour ententes ont été prononcées par des tribunaux français ou par la Commission européenne : des opérateurs de téléphonie mobile, des producteurs de verre pour l'industrie automobile, des grands hôtels parisiens en ont fait les frais au cours des dernières années.

■ **Interdiction des pratiques discriminatoires et du refus de vente :** tous les clients qui souhaitent acheter le produit doivent bénéficier des mêmes conditions d'achat et du même tarif. Le prix ne doit pas être fixé « à la tête du client » ! Les modulations sont possibles dans un cadre précis : elles sont définies dans les conditions générales de vente, par exemple une remise sur volume à partir d'un seuil de quantité achetée.

Interdiction de la revente à perte : un distributeur ne peut pas revendre un produit moins cher qu'il ne l'a acheté, sauf en période de soldes. Cette disposition a pour objectif d'empêcher les abus liés aux prix d'appel (mettre en avant un produit bon marché mais se rattraper sur la marge réalisée avec les autres produits).

> En mai 2007, le distributeur Carrefour a été condamné pour revente à perte de produits, dans une quinzaine d'hypermarchés, entre octobre 2004 et août 2005.

Obligation de protéger et d'informer le consommateur : depuis 1986 les prix des produits ou services disponibles à la vente doivent être visibles et lisibles, exprimés en euros et toutes taxes comprises. Le consommateur doit être en mesure de connaître le prix à payer sans le demander.

Taxe sur la valeur ajoutée : la TVA est obligatoire pour tous les produits et services. Il existe différents taux de TVA, le passage d'une catégorie à l'autre n'est pas neutre sur le prix final.

> En 2009, les restaurateurs ont obtenu le passage à un taux de TVA à 5,5 %. Les artisans du bâtiment se réjouissent du maintien de leurs activités à ce taux car cela encourage à investir dans des travaux de rénovation !

L'affichage des prix est obligatoire

Piège à éviter

Les marchés gris. Quand on commercialise le même produit dans plusieurs pays à des prix différents, certains distributeurs vont s'approvisionner dans les pays où il est moins cher… Pour l'éviter il faut différencier les produits d'un pays à l'autre.

■ Les contraintes liées à la distribution

La plupart des industriels ne maîtrisent pas le prix final payé par le consommateur pour acheter leur produit. C'est en effet le distributeur qui fixe librement le prix, avec pour seule contrainte le seuil de revente à perte. Le fabricant ne peut que suggérer un « prix public conseillé » mais n'est pas du tout sûr d'être placé dans les rayons avec un prix avantageux par rapport à ses principaux concurrents.

2 Comment déterminer son prix ?

Il existe trois approches différentes pour définir le prix d'un produit ou d'un service. On obtient le meilleur résultat… en recoupant les trois méthodes !

Fixer son prix à partir des coûts

Fixer le prix de vente d'un produit en se basant uniquement sur le coût de revient est une grave erreur marketing… mais ignorer la question des coûts et de la rentabilité est une aberration économique ! Les marketeurs passent d'ailleurs beaucoup de leur temps sur des tableaux de suivi financier qui permettent de mesurer la rentabilité de leur ligne de produits.
Le raisonnement par les coûts soulève différentes questions :

■ Raisonner en coût complet ou en coût direct ?

Pour calculer le coût de revient d'un produit il faut prendre en compte les coûts directs (matières premières, temps de main-d'œuvre nécessaire pour la fabrication…) mais aussi tous les coûts indirects qui sont les charges générales de l'entreprise, à répartir sur les différentes lignes de produit : salaire des commerciaux, loyer de l'usine, fournitures générales…
Quand l'entreprise fabrique plusieurs produits il est compliqué de répartir les coûts indirects. On raisonne alors en contribution : à quelle hauteur telle ligne de produits contribue-t-elle à couvrir les frais généraux, une fois les coûts directs déduits du chiffre d'affaires ?

Astuce

Il est plus simple de raisonner en contribution que de vouloir établir le coût de revient complet de son produit.

■ Où se situe le seuil de rentabilité ? > Mot clé

Les charges de l'entreprise sont constituées de charges fixes et de charges variables en fonction des quantités produites : les coûts de recherche et développement sont des coûts fixes, les matières premières sont des coûts variables. La marge réalisée sur chaque unité de produit n'est donc pas une constante mais dépend du nombre total de produits vendus. Plus l'entreprise parvient à vendre un produit et mieux elle amortit, par exemple, les dépenses engagées pour concevoir ce produit !

Quand une entreprise atteint son seuil de rentabilité, la marge réalisée sur chaque nouvelle unité de produit vendu (une fois déduits les coûts variables) est du profit : elle commence à gagner de l'argent. Il est donc intéressant de calculer son seuil de rentabilité.

> Maria a monté un atelier de céramique. Ses coûts fixes (loyer, amortissement du four...) représentent 15 000 € par an. Chaque poterie représente un coût variable moyen de 5 € (terre, émail, énergie pour la cuisson...) et se vend 20 €. Le calcul du seuil de rentabilité pour Maria s'effectue de la manière suivante : 15 000 / (20 – 5) = 1 000. Il faut vendre 1 000 pièces de céramique à 20 € pour couvrir les coûts fixes et commencer à faire des bénéfices.
> Le point mort est à 1 000 × 20 = 20 000 €.

Mot-clé

Le seuil de rentabilité (ou point mort) est le niveau de chiffre d'affaires qui couvre exactement les charges de l'entreprise.

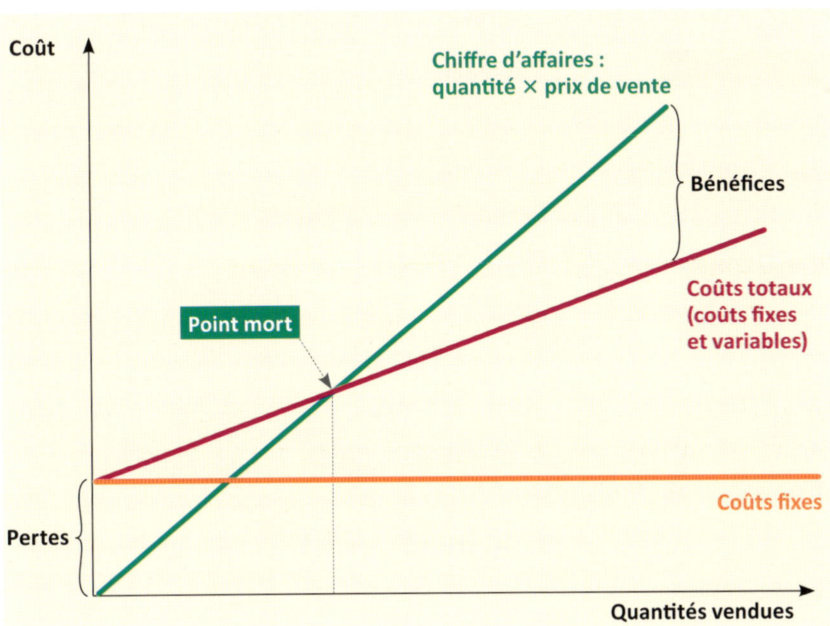

Le point mort est le volume d'activité à partir duquel on commence à faire des bénéfices

Technique

La marge pratiquée par le distributeur

Le **taux de marge** correspond à la marge pratiquée par rapport au prix d'achat auquel le distributeur a acheté le produit.

Le **taux de marque** correspond à la marge calculée par rapport au prix de vente final pratiqué par le distributeur. Quand un magasin baisse le prix affiché il pratique une démarque.

■ Quel taux de marge appliquer ?

La pratique habituelle est d'appliquer un coefficient multiplicateur entre le prix de revient, ou prix d'achat (hors taxe), et le prix de vente final (TVA comprise).

> Un restaurateur qui achète une bouteille de vin 5 € l'affichera à la carte de son restaurant autour de 13 € : le coefficient multiplicateur est d'environ 2,5. Il compense ainsi la faible marge réalisée sur les plats.

La pratique du coefficient multiplicateur a ses limites : si un produit a un coût de revient élevé, il ressort à un prix final rédhibitoire.

> L'enseigne espagnole de prêt-à-porter Zara doit une partie de son succès à la pratique de prix identiques quel que soit le prix de revient : toutes les vestes sont au même prix, toutes les jupes, tous les pantalons… Le taux de marge est donc variable d'un modèle à l'autre mais la rentabilité globale est assurée par la marge moyenne entre les articles les plus chers à fabriquer (tissu plus luxueux, coupe plus sophistiquée) et les autres. De plus, le prix fixe est attractif pour le consommateur et a un impact sur la demande, donc sur les quantités vendues.

Fixer son prix en se basant sur le consommateur

Technique

Le coefficient d'élasticité

Le coefficient d'élasticité *e* se calcule de la manière suivante :

e = taux de variation de la demande / taux de variation du prix

Un coefficient de – 0,5 signifie que la demande diminue de 0,5 % si le prix augmente de 1 %.

La plupart des produits ont une élasticité négative (la demande diminue si le prix augmente). Parfois, c'est l'inverse : certains produits sont plus attractifs quand ils sont plus chers.

Les économistes de la santé ont calculé que le coefficient d'élasticité de la demande de cigarettes est d'environ – 0,3 : chaque fois que le prix du tabac augmente de 10 %, la demande diminue de 3 %.

Le consommateur est concerné au premier degré par la politique de prix pratiquée… mais sa perception des prix et sa réaction à leurs variations sont complexes.

■ La demande du consommateur varie selon le prix

Les économistes savent depuis longtemps que la demande pour un produit est élastique, c'est-à-dire qu'elle varie en fonction de son prix. En règle générale la demande diminue quand le prix augmente (trop cher) ou s'il devient trop bas (doute sur la qualité).

La limite de la notion d'élasticité réside dans la capacité du consommateur à mémoriser les prix : la plupart des gens – et c'est sans doute votre cas ! – connaissent le prix exact d'une vingtaine de produits de consommation courante, et retiennent le prix des investissements importants qu'ils réalisent (logement, voiture…). En revanche, ils n'ont qu'une connaissance vague des autres prix… et une perception encore plus approximative de leurs variations éventuelles.

■ Le consommateur définit une fourchette de prix acceptable

Si le consommateur ne mémorise pas les prix, il a tout de même un ordre de grandeur du prix qu'il est raisonnable de payer pour un produit ou un service. Ce prix psychologique est en réalité une fourchette avec une limite haute – au-dessus de ce prix le produit est trop cher sans que cela soit justifié – et une limite basse – en dessous de ce prix le produit n'est pas assez cher pour être de bonne qualité. Cette fourchette varie d'une personne à l'autre; en posant la question à un grand nombre de consommateurs, on arrive à établir une moyenne intéressante pour le prix minimum et le prix maximum.

■ Le prix qu'un consommateur est prêt à payer est variable dans le temps

Le même consommateur qui étudie soigneusement les prix des hôtels quand il organise, plusieurs mois à l'avance, ses prochaines vacances est prêt à payer n'importe quel prix pour un hébergement s'il est retenu loin de chez lui par un aléa climatique, une grève… C'est en exploitant ce principe que certaines entreprises mettent en place une politique de tarification différenciée : le prix à payer pour la prestation dépend de la demande observée à un instant *t*. Cette pratique de modulation tarifaire s'appelle le *yield management*. Elle est intéressante pour les activités de service avec des coûts fixes élevés, il vaut mieux en effet faire voler un avion rempli de passagers, même à bas prix, plutôt qu'à moitié vide.

> Les billets de train en heures creuses sont meilleur marché qu'en heures de pointe, et le même billet est plus cher si on le réserve à la veille du départ plutôt que trois semaines avant.

Astuce

Les prix magiques

L'expérience montre qu'un produit à 19,99 € se vend mieux que le même produit à 20 €… Des psychologues ont démontré que ce phénomène est lié à la manière dont notre cerveau traite les informations : ce qui est lu en premier (les chiffres de gauche) retient davantage notre attention.

En pratique

Comment définir le juste prix pour les consommateurs ?

Il existe de nombreuses approches d'études marketing pour savoir quel prix génère la demande la plus importante de la part des consommateurs. Les méthodes où on pose la question directement au consommateur (« quel prix seriez-vous prêt à payer pour ce produit ? ») ne sont pas fiables car il est difficile de répondre à cette question, sans être en situation d'achat et en dehors de tout contexte concurrentiel. Les méthodes fondées sur des scénarios (plusieurs produits proposés avec des caractéristiques et des prix variés, et un produit à choisir) donnent des résultats intéressants. Une des approches les plus efficaces consiste à faire simuler des achats aux consommateurs cobayes dans un magasin test, où le produit étudié est placé de manière réaliste dans son rayon, au milieu de ses concurrents. On fait varier le prix d'un consommateur à l'autre et on mesure le niveau de demande en fonction du prix.

Fixer son prix par rapport aux concurrents

Le prix peut être un des éléments essentiels du positionnement choisi par la marque, dans deux cas de figure principaux : la stratégie de pénétration (prix bas) et celle d'écrémage (prix élevé).

■ La stratégie de pénétration

La marque cherche à pénétrer largement son marché en pratiquant des prix plus bas que ses concurrents. Pour être valable, cette promesse doit s'accompagner d'une recherche d'efficacité : le produit est bon marché parce qu'il est conçu pour être aussi performant à moindre coût.

Cette stratégie est appliquée depuis une dizaine d'années sous l'appellation *low cost*, qui consiste à traquer tous les coûts superflus sans sacrifier la qualité.

Bic, un produit d'excellente qualité à bas prix

Bic applique une stratégie de pénétration : un produit imbattable, une organisation industrielle éprouvée, un design simple et fonctionnel... Le consommateur sait qu'il achète un produit de bonne qualité malgré son prix bas.

Le consommateur qui voyage avec une compagnie aérienne *low cost* (Easy Jet, Ryan Air...) sait que la prestation de base, à savoir son déplacement d'un endroit à l'autre, sera correctement assurée ; le prix bas est justifié par la suppression des services annexes comme les repas ou les magazines à bord.

La stratégie de pénétration peut être rentable : la marge unitaire est optimisée grâce aux économies d'échelle réalisées qui permettent de réduire les coûts ; et la marge globale est assurée par les volumes importants qui découlent de la forte demande. Cette stratégie est difficile à imiter par un concurrent, sauf s'il dispose de moyens importants. Elle est plutôt réservée aux grandes entreprises car l'investissement initial est élevé.

■ La stratégie d'écrémage

À l'inverse du point précédent, la marque pratique des prix élevés, supérieurs à ceux des concurrents. Cette stratégie fonctionne quand le prix élevé est justifié par la supériorité du produit.

La supériorité du produit peut être liée à sa rareté, son caractère unique ou précieux, comme dans le cas des produits de luxe.

Le sel de Guérande est produit de manière artisanale en toutes petites quantités. Il se vend plus de 5 € par kilo, soit dix fois plus cher que le sel de table ordinaire…

Elle peut être liée à une technologie de pointe, qui garantit une performance supérieure.

Les aspirateurs Dyson sont les plus chers du marché, pourtant cette marque est *leader* au Royaume-Uni et très bien placée en France. Dyson consacre environ 10 % de son chiffre d'affaires à la recherche et développement, a déposé de nombreux brevets et développé une technologie d'aspiration d'une performance inégalée.

De nombreux produits innovants (informatique, électronique…) arrivent sur le marché avec un prix élevé, qui baisse ensuite dès que la technologie se banalise et que la pression concurrentielle s'intensifie.

Les téléviseurs haute définition « HD Ready » sont apparus sur le marché, au début des années 2000, à des prix avoisinant 10 000 €. Huit ans plus tard le prix de ce type d'appareil est passé en dessous de 800 € !

Une stratégie d'écrémage permet de réaliser une marge unitaire élevée. La rentabilité ne dépend pas des quantités vendues, qui peuvent être limitées, ce qui est intéressant en cas de pénurie de matière première. Cette stratégie peut être adoptée par des petites entreprises, mais elle ne les protège de la concurrence que si le prix élevé est solidement justifié.

Piège à éviter

Penser que plus un produit est cher, plus il est rentable. La rentabilité dépend de la marge unitaire mais aussi de la marge totale, liée aux quantités vendues.

Dyson investit en recherche et développement pour développer des appareils à la performance inégalée

A vous de jouer !

1. Nicole est revendeur d'une marque de farine biologique pour préparer son pain à la maison. Elle apprend qu'un autre commerçant de sa ville propose les mêmes produits, à un prix très intéressant. Quelle est la bonne réaction ?

a. Baisser son prix, quitte à vendre un peu en dessous de son prix de revient.

b. Aller voir son confrère et lui proposer un arrangement pour vendre au même prix dans les deux magasins.

c. Renégocier ses conditions d'achat auprès de son fournisseur et organiser avec son appui une promotion pour fidéliser la clientèle existante.

2. Frédérique est professeur de danse africaine. Elle donne des cours à des groupes de 6 élèves, qui payent chacune 10 € pour 2 heures de cours. La location de la salle lui revient à 600 € par mois. Quel est le seuil de rentabilité pour Frédérique ?

a. 300 €.

b. 600 €.

c. 1 200 €.

3. Myriam tient une boutique de vêtements. Quand elle vend une jupe 119,60 €, avec un taux de marque de 20 %, à quel prix l'a-t-elle achetée au fabricant ?

a. 75 €.

b. 80 €.

c. 83 €.

d. 100 €.

4. Iris organise une vente de coussins pour la kermesse de l'école. L'an passé elle a vendu 100 coussins à 10 €. Cette année elle décide d'augmenter le prix à 12 €… et ne vend que 70 coussins. Que pouvez-vous en conclure ?

a. Il y a une élasticité négative de la demande au prix avec un coefficient de – 1,5.

b. Il n'y a pas d'élasticité.

c. Il y a une élasticité positive avec un coefficient de 1,5.

5. Philippe lance son activité de jardinier-paysagiste. Il doit définir sa grille de tarif. Quelle méthode lui conseillez-vous ?

a. Obtenir les tarifs de ses concurrents et s'aligner sur le moins cher.

b. Calculer le coût de revient à l'heure (salaire des jardiniers, charges sociales, fournitures) et ajouter une marge de 20 %.

c. Demander à quelques clients potentiels quel prix ils sont prêts à mettre pour ce type de prestation.

Solutions

Question 1 : c. Les solutions a (vente à perte) et b (entente sur les prix) sont illégales en France !

Question 2 : b. Il n'y a pas de coûts variables. Le seuil de rentabilité correspond donc au montant des coûts fixes : 600 €.

Question 3 : b. La jupe se vend au consommateur 119,60 € TTC, donc 100 € HT. Le taux de marque de 20 % correspond donc à un prix initial de 80 €.

Question 4 : a. La demande diminue de 30 % quand le prix augmente de 20 %.

Question 5 : a, b et c ! la meilleure méthode est de croiser ces trois approches pour définir un niveau de prix compétitif, rentable pour l'entreprise et acceptable par les clients.

Étape 1

Organiser sa distribution

La rencontre du produit avec les clients

L'étape 11 en un clin d'œil

1 Quelle distribution choisir ?

Gérer la variable distribution consiste à choisir le circuit et les canaux qu'emprunteront les produits pour aller à la rencontre des consommateurs. Le choix se fait en fonction du produit, des ressources de l'entreprise, de la cible et du positionnement : la distribution peut être intensive ou sélective, le circuit long ou court. Depuis quelques années, la vente dans ses propres circuits connaît un grand succès, notamment grâce au développement du commerce en ligne.

2 Comment mettre en valeur le produit dans le point de vente ?

Le choix du circuit amène à définir comment mettre en valeur le produit sur le lieu de vente : le merchandising est du ressort du distributeur mais souvent aussi de l'industriel qui fournit les produits. Le merchandising consiste à rendre le magasin le plus performant possible, en jouant sur l'aménagement et l'ambiance, l'organisation des rayons et enfin la communication.

1 Quelle distribution choisir ?

Le meilleur produit, vendu au meilleur prix, n'aura jamais un seul client s'il n'a pas la bonne distribution. C'est elle qui met le produit à disposition du consommateur au bon endroit, au bon moment, dans la bonne quantité... Pour se rendre compte de son importance, déjà évoquée à l'étape 4, il faut juste imaginer combien votre vie serait compliquée si vous deviez vous procurer tous les produits que vous achetez directement auprès de leur producteur : aller à la ferme chercher le lait, à la conserverie de poisson pour vos sardines, à l'usine textile acheter quelques chaussettes... Le distributeur sélectionne les produits et les apporte physiquement où vous souhaitez les trouver : dans un magasin ou même directement chez vous.

Comment organiser sa distribution ?

■ Circuit et canal de distribution

La distribution d'un produit se définit à l'aide des notions de canal et de circuit > mot-clé.

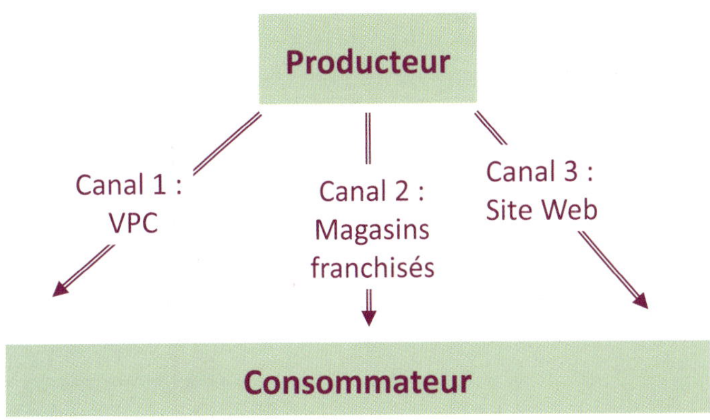

Un exemple de circuit de distribution

Mot-clé

Un canal de distribution est une catégorie d'intermédiaires entre un producteur et un consommateur.
Le circuit de distribution est constitué de l'ensemble des canaux de distribution empruntés par un produit.

Une PME qui fabrique des confitures biologiques a le choix entre de nombreux canaux de distribution : la vente directe à l'usine, les stands sur les marchés de sa région, un site internet à son nom, les magasins biologiques comme Biocoop ou La Vie Claire, les boutiques de produits du terroir, et pourquoi pas les grandes surfaces alimentaires… Le ou les canaux de distribution qu'elle choisira constitueront son circuit de distribution.

■ Quelle place pour la distribution dans la politique marketing ?

Si une distribution efficace est indispensable elle n'est pas toujours le levier principal pour une marque : certaines d'entre elles mettent l'accent sur la communication, afin de créer une forte présence à l'esprit qui va attirer les consommateurs vers le produit. À l'inverse d'autres marques, moins connues, misent davantage sur le point de vente qui doit séduire le consommateur au moment où il passe. Elles concentrent leurs investissements marketing sur la distribution : choix des points de vente, emplacement et aménagement, vitrines et communication en magasin, personnel de vente…

■ Quels critères pour choisir son circuit de distribution ?

Le choix se fait en combinant plusieurs critères :

■ **Les caractéristiques de la cible :** les consommateurs ne fréquentent pas les mêmes canaux selon leur âge, leur niveau de revenu, l'endroit où ils habitent, leur implication à l'égard du marché…

■ **Les moyens de l'entreprise :** certains canaux de distribution, comme l'ouverture de ses propres magasins, nécessitent de lourds investissements. Pour une petite entreprise, il est plus raisonnable de passer par des intermédiaires, même s'ils prélèvent leur marge au passage ; ou de développer la vente en ligne, plus souple.

■ **Les caractéristiques des distributeurs :** ils ne proposent pas tous la même implantation, les mêmes services, le même type de clientèle… L'idéal est de sélectionner ceux qui sont le plus en adéquation avec le positionnement de la marque. Il faut

Technique

Comment gérer une distribution multicanale ?

De plus en plus de marques ont une distribution multicanale : magasins, revendeurs, site internet… Faire fonctionner ensembles ces différents canaux peut être problématique.

Le premier niveau d'optimisation consiste à les considérer comme complémentaires et pas comme concurrents.

Une grande enseigne de la distribution a vu ses ventes en ligne exploser dès lors que le chiffre d'affaires réalisé par internet a été réintégré dans la base de calcul de la prime des vendeurs des magasins.

Le deuxième niveau consiste à développer des synergies entre les canaux, et à utiliser les points forts de chacun pour offrir le meilleur service au client.

Certaines enseignes proposent au client en ligne de consulter le stock des magasins situés près de chez lui et de réserver le produit qui l'intéresse pour qu'il puisse passer le chercher au magasin le jour même, sans attendre la livraison à domicile. D'autres enseignes offrent à leurs clients en magasin des bons de réduction valables sur internet, estimant que la probabilité d'une prochaine visite est plus élevée en ligne qu'en boutique.

noter qu'en France la vente de certains produits, comme les médicaments ou le tabac, passe par des canaux de distribution réglementés : pharmacies, bureaux de tabac…

> Un pépiniériste bourguignon s'adresse en priorité aux enseignes de jardinerie implantées dans le Centre Est de la France, comme Botanic.
> Il n'a aucun intérêt à livrer des magasins situés à l'autre bout de la France ! Si les plantes qu'il vend sont des arbustes, il doit privilégier les jardineries implantées en milieu rural ou périurbain. Les magasins situés en centre-ville ont une clientèle qui jardine sur son balcon et qui préfère des plantes moins encombrantes.

Compte tenu des nombreuses options, le circuit de distribution est différent d'une entreprise à l'autre. On peut résumer les principales alternatives en trois grandes questions : distribution intensive ou sélective ? Circuit long ou circuit court ? Circuit classique ou innovant ?

Distribution intensive ou sélective ?

Faut-il utiliser de nombreux canaux pour être présent dans un grand nombre de points de vente ? La réponse dépend de la stratégie de cible et de positionnement.

300 000 magasins en France, dont 34 000 bars tabac, 32 000 boulangeries, 32 000 kiosques à journaux… et 500 000 distributeurs automatiques

Distribution intensive

Certaines marques font le choix d'être présentes dans le plus grand nombre possible de points de vente. Cela correspond en général à une cible large, un positionnement qui parle à tout le monde. Elles sélectionnent de multiples canaux de distribution.

> Coca-Cola a une politique de distribution intensive : à travers les grandes surfaces, les épiceries de quartier, les cafés et restaurants, les sandwicheries, les boulangeries, les stations-service, les distributeurs automatiques, la boisson gazeuse est présente dans plusieurs dizaines de milliers de points de vente en France !

La difficulté d'une politique de distribution intensive est de gérer la concurrence qui s'exerce entre les différents canaux : les prix de cession et les conditions pratiquées doivent être les mêmes mais cela n'empêche pas certains distributeurs de vendre le produit moins cher et de concurrencer les autres !

En pratique

Comment créer un circuit de distribution sélectif ?

Comme le refus de vente est interdit, un fabricant ne peut pas sélectionner arbitrairement certains détaillants. Il lui faut établir les critères qui permettent à un magasin d'être dépositaire ou non de ses produits : surface du magasin, qualification du personnel de vente, chiffre d'affaires annuel… Ces magasins peuvent être liés à la marque par des contrats spécifiques qui leur garantit une exclusivité : franchise, concessions…

Environ la moitié des magasins de la marque de prêt-à-porter Comptoir des Cotonniers sont des franchisés, qui ont l'exclusivité des créations de la marque dans leur zone géographique.

Les grandes surfaces revendiquent le droit de vendre des produits réservés aux circuits sélectifs, c'est même un de leurs chevaux de bataille.

Le distributeur Leclerc s'est battu pour obtenir le droit de vendre de l'essence, des bijoux, des articles de parapharmacie… mais il n'a pas encore celui de vendre des médicaments.

■ Distribution sélective

D'autres marques à l'inverse ne veulent être présentes que dans des magasins triés sur le volet. Elles s'adressent à une cible étroite, avec un positionnement pointu : c'est le cas des marques de luxe ou de marques spécifiques.

> Un fabricant d'outils de menuiserie sophistiqués ne souhaite pas être vendu dans toutes les grandes surfaces de bricolage, mais seulement dans les magasins pour bricoleurs experts.

Circuit long ou circuit court ?

Autrefois, l'achat des produits se faisait directement au producteur. La distribution moderne a mis en place un ensemble d'intermédiaires qui facilitent l'accès aux marchandises en gérant tous les aspects de transport, de stockage et de logistique… mais cette organisation basée sur plusieurs niveaux d'intermédiaires est en pleine mutation notamment avec la révolution du commerce en ligne.

Mot-clé

Un circuit long est un circuit de distribution composé de plusieurs niveaux d'intermédiaires (centrales d'achat, grossiste, détaillant…).

■ Le circuit long, emblématique de la grande distribution

Le principe de base des circuits longs > mot-clé est d'organiser à grande échelle l'achat et la commercialisation pour plus d'efficacité et, in fine, des prix plus bas pour le consommateur. C'est le rôle des centrales d'achat qui, en regroupant les achats de nombreux détaillants, représentent des volumes importants et obtiennent des conditions tarifaires compétitives.

> La plupart des grandes chaînes de distribution sont des circuits longs, avec à minima une centrale d'achat et des points de vente : Carrefour, Auchan, Leclerc… mais aussi la Fnac, Décathlon, Sephora… Les sites internet de ces enseignes sont un type de point de vente particulier, c'est donc aussi du circuit long. Le circuit est encore plus long pour les produits importés qui passent par plusieurs niveaux de grossistes importateurs.

L'avantage de passer par un circuit long pour un fabricant est la simplicité et l'efficacité : il n'a qu'un petit nombre de clients à gérer, il livre ses marchandises à un entrepôt central. Tous les coûts liés à la distribution et à la relation avec les clients sont pris en charge par les intermédiaires. Le distributeur a un savoir-faire qui lui permet d'assurer la vente des produits de manière optimale.
Le principal inconvénient du circuit long est l'absence de contact direct avec le client final. Les « clients » de Danone ne sont pas les millions de personnes qui mangent les yaourts, mais les six centrales d'achat qui représentent 84 % de la grande distribution française ! C'est un inconvénient réel à l'époque où toutes les marques veulent se recentrer sur leurs clients. Les autres problèmes soulevés par le circuit long sont les marges accordées aux intermédiaires, les relations avec les intermédiaires qui peuvent être conflictuelles et l'impossibilité pour les marques de décider de la présentation de leur produit dans le rayon.

La vente directe du producteur au consommateur, un canal de distribution redevenu d'actualité

■ Le circuit court et la distribution « en propre », une alternative qui prend de l'importance

Les inconvénients du circuit long et le développement d'internet depuis une quinzaine d'années ont incité les marques à s'intéresser à la distribution en circuit court, et notamment par le biais de leurs propres canaux : la distribution « en propre », directement du producteur au consommateur.

Le retour en force de la vente directe

La vente directe a longtemps été un mode de distribution archaïque ou artisanal utilisé par des fermiers, des viticulteurs ou des artisans pour toucher des clients dans un rayon de quelques kilomètres.
Depuis une vingtaine d'années, la vente directe revient en force dans les stratégies de distribution : les industriels, lassés des relations tendues avec les grandes enseignes et soucieux de retrouver le contrôle de leurs marges et de la mise en scène de leur offre, ouvrent leurs propres points de vente.

> Les marques de luxe (Dior, Gucci…), celles de sport (Adidas, Nike…) ont été les premières à opter pour la stratégie du magasin « en propre ». Elles ont été suivies par certaines marques d'électronique (Sony, Samsung…), de lingerie (Aubade, Chantelle…) ou de cosmétiques (Lancôme, Kenzo…).

Piège à éviter

Penser que c'est plus rentable de supprimer les intermédiaires.

Les boutiques de ces marques sont peu nombreuses mais spectaculaires, situées sur les plus belles rues commerçantes et présentant l'offre de manière théâtralisée : on les appelle des *flagship stores*, boutiques étendard. Leur rôle est autant de valoriser la marque que de la commercialiser et elles ont dans les deux cas des performances remarquables.

> La marque de cosmétiques l'Occitane a fait le choix dès son lancement en 1976 de la vente directe, dans son propre réseau de boutiques. Les magasins, décorés aux couleurs de la marque, sont très reconnaissables.

L'Occitane : des magasins très reconnaissables qui incarnent les valeurs de la marque

L'ouverture de magasins en propre n'est pas forcément la politique de distribution la moins coûteuse : on économise certes la marge des intermédiaires mais le loyer de la boutique et les salaires des vendeurs constituent des charges fixes qui élèvent le point mort.

La révolution du commerce en ligne

Le développement d'internet accélère le retour à la vente directe : l'e-commerce ouvre des perspectives nouvelles pour toutes les entreprises.

La vente directe par internet offre la possibilité à de petites entreprises, et même à des particuliers, de diffuser leur production dans le monde entier, sans aucun intermédiaire ; la seule contrainte étant de disposer d'un bon service postal ! La simplicité de mise en œuvre du commerce en ligne permet l'essor d'offres positionnées sur des niches minuscules qui n'auraient jamais trouvé leur public auparavant. D'ailleurs de nombreux sites, de Amazon à EBay, se battent pour accueillir dans leurs pages les e-boutiques de ces micro-vendeurs qui génèrent collectivement un chiffre d'affaires impressionnant.

Pour les entreprises de taille plus importante, internet est un canal de distribution complémentaire de leurs autres canaux. Il est d'autant plus efficace qu'il est animé de manière cohérente par rapport aux points de vente physiques, avec une offre de produits, une politique de services et de prix comparables.

La marque Tudo Bom utilise internet pour vendre ses créations

Piège à éviter

Considérer internet séparément des autres canaux de distribution.

Astuce

Comment attirer des clients sur un site marchand ?

Didier Pélétengeas a lancé, en 2005, www.bon-sejour-en-france.fr, une e-agence spécialisée dans les locations saisonnières haut de gamme sur l' Île de Ré et en Dordogne.

« Le e-commerce devient de plus en plus une affaire de spécialistes. Avoir un site internet convivial est la première étape mais c'est très certainement la haie la plus facile à franchir. Aujourd'hui, le challenge se situe au niveau de la visibilité. En d'autres termes, il s'agit d'avoir un bon emplacement sur l'avenue des Champs-Élysées (la première page des moteurs de recherche et de Google en particulier), de faire rentrer les prospects dans la boutique afin qu'ils deviennent clients. Quand on saisit "Locations vacances Île de Ré", environ 500 000 sites veulent avoir leur magasin sur les Champs-Élysées, mais il n'y a que 10 places… C'est donc une affaire d'expertise. »

Innover dans le choix du circuit de distribution

Les circuits originaux

Si la vente en magasin ou sur des sites internet sont des options fréquentes, certaines marques cherchent à éviter l'encombrement des circuits de distribution classiques et à se démarquer de leurs concurrents en développant des approches alternatives :

- **Le détournement de canal :** lancer un produit dans un canal de distribution prévu pour autre chose peut s'avérer utile pour lui donner de la visibilité.

> Partant du principe que les kiosques à journaux font environ 10 % de leur chiffre d'affaires avec des produits autres que les journaux, la marque de montres Kelton a développé ses ventes en proposant des montres dans ce canal.

- **La vente itinérante :** si le VRP (« vendeur – représentant – placier ») de base n'a plus la cote, la vente en camions ambulants est une alternative économique et sympathique.

> Un volailler breton sillonne les villes de l'Ouest de la France avec ses camions Éco-Miam proposant viande et poulets surgelés.

- **La vente en réunion :** lancée par la célèbre marque Tupperware, la vente en réunion, qui consiste à organiser des rencontres informelles autour d'un produit chez une hôtesse qui invite ses amies, est redevenue à la mode par son caractère convivial et original.

La marque de cosmétiques brésilienne Natura n'a qu'un seul magasin dans le monde, situé à Paris… mais elle touche des millions de clientes par son réseau de plus de 800 000 démonstratrices dans toute l'Amérique latine et en France.

Vente en réunion de produits Natura : convivial et original…

Les circuits de demain : le commerce mobile

La toute dernière révolution en cours dans la distribution est celle du m-commerce > Mot-clé. Elle est liée au développement des réseaux et téléphones mobiles de troisième génération, qui permettent aux consommateurs d'accéder par leur téléphone à des contenus internet.

Pour autant il ne s'agit pas simplement de commander sur des sites de e-commerce en surfant sur l'écran de son téléphone : le m-commerce nécessite une adaptation des interfaces. Le consommateur se connecte en utilisant la fonction navigation de son téléphone ou en téléchargeant l'application disponible sur le site de son opérateur.

Mot-clé

Le m-commerce, ou « commerce par mobile », est l'équivalent du commerce électronique appliqué aux réseaux sans fils de téléphonie mobile.

Amazon a développé une application iPhone téléchargeable gratuitement, qui offre l'accès direct au catalogue du site et aux mêmes services que ceux proposés sur le Web : l'ajout d'un produit au panier, la consultation du compte client, la sélection d'un mode de livraison, la finalisation d'une commande et les recommandations. Cette application permet aussi à l'utilisateur de photographier un objet avec l'iPhone et de rechercher sa référence avec l'application pour pouvoir l'acheter immédiatement.

Certaines marques vont plus loin en exploitant les perspectives offertes par le téléphone mobile par rapport à une simple utilisation d'internet : le téléphone mobile est individuel, il accompagne son utilisateur partout où il va. On peut donc proposer au consommateur, en fonction de l'endroit où il se trouve (géo-localisation), les adresses des points de vente les plus proches ; et lui envoyer par SMS un bon de réduction pour l'achat qu'il va faire. Les possibilités dans ce domaine sont immenses et les innovations à venir, innombrables.

> Début 2010 le groupe hôtelier Accor enregistre une centaine de réservations par jour sur mobile. Le site mobile met à disposition des internautes les promotions en cours, la localisation de l'hôtel le plus proche ou encore le détail des services et photos de chaque hôtel parmi une base de trois mille établissements. Une fois l'hôtel sélectionné, le client n'a plus qu'à renseigner son numéro de carte bancaire pour valider sa réservation.

La mise en place d'un circuit : référencement et négociation commerciale

■ Le référencement et la constitution de l'offre

Quand le mode de distribution choisi est un circuit long, l'entreprise a besoin de développer une équipe commerciale chargée de contacter les distributeurs et de négocier avec eux les conditions de vente du produit. Cette négociation est loin de porter seulement sur le prix auquel le produit est cédé au distributeur; elle concerne également les quantités minimums sur lesquelles le fournisseur et/ou le distributeur s'engagent, les délais et conditions de livraison, le conditionnement des produits, la place du produit dans le magasin et dans le rayon, les dispositifs de communication ou de promotion qui l'accompagnent... et l'ensemble des dispositions tarifaires afférentes à ces points.

La négociation n'est en principe pas du ressort des équipes marketing mais celles-ci peuvent la faciliter en fournissant les informations et supports de vente qui augmenteront l'efficacité de l'approche commerciale : catalogues, brochures...

■ Les relations commerciales avec la distribution : un sujet de tensions

Si quelques marques prestigieuses ou appréciées des consommateurs se font courtiser par les distributeurs, la majorité d'entre elles sont dans une posture demandeuse : l'abondance de l'offre et la concentration de la distribution (notamment, en France, la distribution alimentaire) sont telles que les distributeurs sont en position de force et peuvent imposer des conditions draconiennes aux fabricants qui les approvisionnent; en particulier des remises ou ristournes considérables sur le prix tarif.

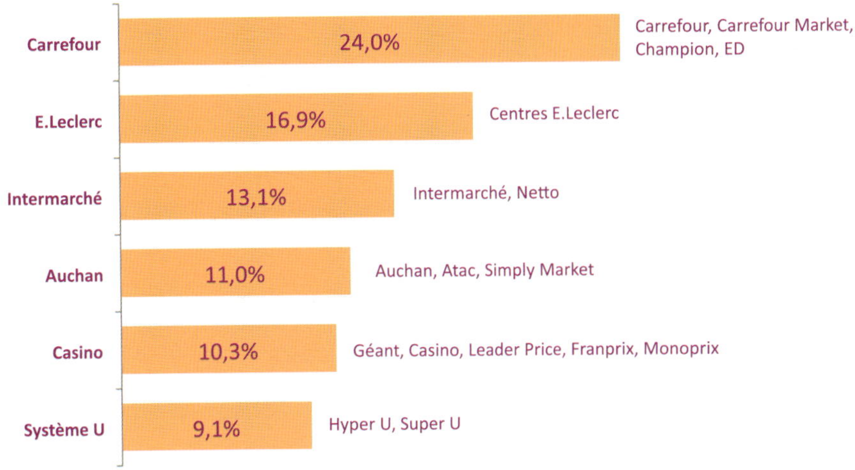

En France, les six groupes leaders de la distribution alimentaire représentent 84,4 % du marché : c'est un secteur concentré (Kantar Worldpanel, 2009)

La situation de tension est telle que les pouvoirs publics se sont emparés du sujet et multiplient depuis les années 1990 les tentatives pour assainir la situation. Le dispositif réglementaire mis en place (Loi Galland en 1996, Loi Dutreil en 2005, Loi Chatel en 2008, et certains points de la Loi de Modernisation de l'Économie en 2008) n'a pas résolu le problème et les relations restent tendues entre industriels et fabricants en France.

Certains industriels et distributeurs mettent toutefois en place, depuis une dizaine d'années, des logiques de coopération pour développer ensemble les ventes du rayon, ce qui leur profite à tous les deux : on parle alors de *trade-marketing*.

2 Comment mettre en valeur le produit dans le point de vente ?

L'enjeu de la politique de distribution ne se limite pas au choix du circuit : on peut considérablement augmenter les ventes d'un produit en optimisant la manière dont il est présenté en magasin. Cette démarche, qui constitue

Mot-clé

Le merchandising est l'ensemble des méthodes pour présenter et mettre en valeur les produits sur le lieu de vente. Il a pour objectif d'augmenter le chiffre d'affaires ou la rentabilité du magasin.

En pratique

Comment mesurer la performance d'un point de vente ? L'indicateur clé est le chiffre d'affaires au mètre carré.

Astuce

Les gens ont tendance à se diriger à droite ou tout droit en entrant dans un lieu. Ce qui est placé à gauche est donc en zone froide, alors que ce qui est devant et à droite est en zone chaude.

le merchandising > Mot-clé, est essentielle pour les marques qui ont leurs propres magasins ; mais elle concerne aussi les marques qui font le choix du circuit long, car la plupart des distributeurs attendent de leurs fournisseurs une collaboration en matière de merchandising.
Le merchandising se décompose en trois thèmes principaux : l'aménagement du point de vente, l'organisation du rayon et la communication en magasin.

L'aménagement du point de vente

L'aménagement consiste à définir le plan du magasin, sa décoration et les services qui sont proposés. Il répond à un double enjeu :

- **C'est un puissant levier d'efficacité commerciale :** quand le groupe Carrefour a converti ses supermarchés Champion au nouveau concept de magasin Carrefour Market, la part de marché a progressé de 0,5 point entre fin 2008 et début 2010 (blog marketing-pgc.com).
- **C'est un vecteur d'expression du positionnement :** le magasin permet de traduire de manière concrète les valeurs et l'esprit de la marque.

Le plan du magasin

Le plan doit permettre au client de trouver facilement ce qu'il cherche, mais aussi l'amener à découvrir une partie de l'offre qu'il n'a pas en tête à son entrée dans le magasin. Tous les points de vente, même les plus petits, comportent des zones dites « chaudes » : celles où les clients passent spontanément, et des zones « froides » moins fréquentées. Il est donc intéressant de placer dans les zones froides les produits les plus demandés, et dans les zones chaudes les produits moins attendus qui déclenchent des achats d'impulsion.

Zones froides et zones chaudes

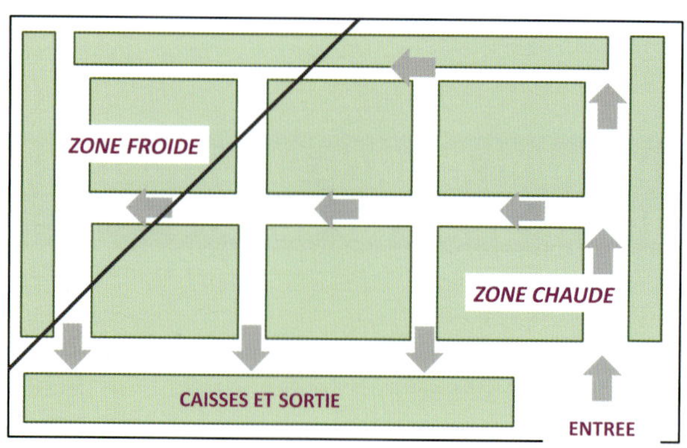

Dans un hypermarché, les produits alimentaires sont dans la zone froide, alors que les produits d'équipement, les livres, les disques, les bijoux sont dans la zone chaude. Dans une parfumerie, les parfums et les crèmes de soin sont en zone froide, les produits de maquillage et les promotions saisonnières (coffrets cadeaux…) sont dans la zone chaude.
L'enseigne de meubles Ikea est connue pour son « parcours » qui oblige les clients à faire le tour du magasin.

Astuce

La musique fait-elle vendre davantage ? Des études ont montré qu'un magasin diffusant une musique choisie en affinité avec sa cible, au bon niveau sonore, a un réel impact sur le panier moyen des clients.

L'ambiance

La décoration d'un magasin permet de créer une ambiance qui invite le consommateur à entrer, à visiter et *in fine* à acheter. Rien n'est laissé au hasard : les couleurs, les matières du sol, des murs, du mobilier, les éclairages… L'impact sera d'autant plus fort que ces éléments reflètent la stratégie et le positionnement de la marque.

Un magasin d'optique peint en blanc, avec des glaces et des surfaces vitrées, du mobilier en laque blanche et métal, donne une impression de sérieux et de médical ; il inspire confiance et rassure le consommateur en attente de technologie pointue.
Un magasin d'optique décoré avec des couleurs prune et bordeaux, du bois sombre, des sièges recouverts de velours cherche à donner un sentiment de confort et d'intimité, pour mettre ses clients à l'aise. Il s'adresse plutôt aux personnes qui veulent se sentir bien dans leurs lunettes.

Mot-clé

Le marketing sensoriel consiste à stimuler les cinq sens du client dans le cadre de l'achat ou de l'utilisation du produit, afin de susciter des dispositions favorables à l'égard de la marque.

La décoration des magasins est de plus en plus soignée, dans les moindres détails et fait partie intégrante de la réflexion marketing : le marketing sensoriel **> mot-clé** permet en effet de renforcer le lien et l'attachement du consommateur à la marque. On cherche ainsi à créer une ambiance distinctive et agréable, qui passe aussi par l'identité sonore ou olfactive du point de vente.

La Vallée Village : dans le complexe dédié au destockage des grandes marques, tout l'aménagement est pensé pour créer une expérience d'achat agréable

Nature et Découvertes a un concept de magasin axé sur le marketing sensoriel

Tous les détails des magasins Nature et Découvertes traduisent l'éloge de la nature qui est la mission de cette enseigne : utilisation du bois et de matières naturelles, chants d'oiseaux et bruits d'eau, lumière douce, odeur de cèdre, tisane à déguster… L'air est filtré pour absorber les polluants et offrir la même pureté qu'à 4 000 mètres d'altitude !

Les services

Un concept de magasin – ou de site internet marchand – ne serait pas complet sans l'offre de services proposés aux clients. Les services de base, incontournables, permettent d'effectuer l'achat de manière simple et pratique : parking pour la voiture, heures d'ouverture étendues, panier ou chariot, livraison, retouches, crédit… Aujourd'hui, ils s'accompagnent de services plus spécifiques qui affinent l'expression du positionnement et renforcent le lien entre la marque et ses clients. Ces services sont parfois payants, transformant ainsi le métier d'industriel ou de distributeur en celui de prestataire.

Le client d'Ikea peut se restaurer et faire garder ses enfants au cours de sa visite. Il peut modéliser sa future cuisine grâce à un outil de conception 3D accessible en ligne, bénéficier de conseils pour aménager sa maison, et faire livrer et installer les meubles qu'il a choisis – ou louer un véhicule pour les transporter lui-même.
Le client de la Fnac peut consulter les guides techniques publiés par le laboratoire d'essais de l'enseigne, prendre un café dans le magasin en écoutant une conférence ou un concert sur place, admirer une exposition de photos, faire développer ses propres clichés, réserver une place de spectacle…
La marque de cosmétiques Yves Rocher a équipé la plupart de ses magasins d'un espace de soins esthétiques.
De nombreuses marques de produits de beauté (Lancôme, Kenzo, Guerlain, Caudalie…) ouvrent des magasins « vitrines » proposant des soins, qui permettent de faire découvrir les produits et d'offrir aux clientes une expérience plus forte avec la marque.

Mot-clé

Le marketing expérientiel consiste à transformer l'achat ou l'utilisation d'un produit en une expérience, source d'émotions positives qui renforcent le lien entre le consommateur et la marque.

La multiplication des services s'inscrit dans le développement du marketing expérientiel > mot-clé. L'enjeu pour un magasin est de transformer le simple shopping en une véritable activité de loisir, qui incite le consommateur à rester plus longtemps, à venir plus souvent et à dépenser davantage.

L'enseigne d'équipement de la maison Boulanger organise dans ses magasins des cours de cuisine qui permettent de découvrir les appareils et ustensiles vendus... et de passer un délicieux moment !

Technique

Le magasin du futur

Le magasin de demain fera un usage encore élargi des nouvelles technologies : écrans et bornes d'information numériques pour prodiguer des conseils, des informations sur les produits ; cabines d'essayage avec miroirs interactifs qui scannent la silhouette et permettent de visualiser les modèles sur soi sans avoir à les enfiler ; généralisation des puces à radio fréquence qui permettront de calculer instantanément le prix à payer pour un caddie rempli ; cartes de paiement et fidélité remplacées par le téléphone mobile... toutes ces technologies existent déjà !

L'organisation du rayon

Une des missions essentielles du merchandising consiste à déterminer où mettre les produits dans le rayon, et quelle visibilité ou place accorder à chacun dans un espace total limité, sachant que 43 % des décisions d'achat sont prises lorsque le consommateur est devant le rayon (produits de grande consommation – CERPET 2008). L'équation est complexe : une place trop importante accordée à une référence de produit restreint la possibilité d'en présenter d'autres, et donc le choix offert au client ; une place trop limitée rend l'offre difficile à déchiffrer et augmente le risque de rupture de stock dans le rayon. Dans les deux cas le chiffre d'affaires est pénalisé !

Astuce

Pour qu'un produit ait le maximum de chancc d'être acheté il faut le placer à hauteur des yeux ou des mains.

La communication en magasin

Une communication en magasin efficace peut avoir un impact fort sur les ventes. C'est le rôle du merchandising de placer les bons messages au bon endroit...

■ La signalétique et la vitrine

La signalétique du magasin est l'équivalent de la marque pour le produit : c'est la manière dont l'enseigne se présente visuellement pour le consommateur dans la rue. La signalétique et la vitrine doivent donner envie de rentrer dans le magasin, c'est pourquoi elles font l'objet d'une attention particulière. La vitrine doit-elle montrer un grand nombre de produits ou une sélection élégante ? Doit-elle afficher les prix en gros ? Doit-elle laisser entrevoir l'intérieur du magasin ? La réponse dépend du type de commerce et du secteur d'activité !

En pratique

Les règles d'or pour rendre un point de vente plus performant :

– **Maximiser le nombre de contacts des clients avec les employés :** *dans un magasin de vêtements le nombre de clients qui font un achat augmente de 50 % quand les vendeurs abordent les clients, et de 100 % lorsque le client essaye un vêtement !*

– **Réduire le temps d'attente au minimum**, surtout aux caisses. La tolérance est en moyenne de deux minutes.

– **Faciliter l'achat :** *par exemple, mettre les paniers au bon endroit, pas seulement à l'entrée du magasin mais aussi dans les rayons pour les gens qui n'en ont pas pris, pensant n'acheter qu'un article… et finalement se retrouvent les bras encombrés !*

Les soldes, un événement très attendu par les consommateurs

L'information en magasin

Le cauchemar d'un merchandiseur, c'est le client qui entre dans un magasin et repart sans rien acheter ! Pour éviter cet écueil et obtenir un taux de transformation (nombre de clients acheteurs ramené au nombre total de visiteurs) élevé, il faut apporter au client potentiel l'information dont il a besoin pour trouver les produits et comprendre l'offre : plans et panneaux pour s'orienter dans le magasin, notices et pancartes pour présenter les produits, leurs spécificités, leurs différences, leur prix… Toutes ces informations sont d'autant plus indispensables que la vente s'effectue en libre-service. La tendance actuelle est d'installer des supports numériques (écrans, bornes…) qui peuvent présenter ces informations de manière vivante et interactive.

Le merchandising événementiel

Depuis l'invention de la quinzaine du Blanc par Aristide Boucicaut au XIXe siècle, tous les commerçants savent qu'il faut organiser sans cesse de nouveaux événements pour renouveler l'intérêt des clients et augmenter leur fréquence de visite. Les magasins vivent donc au rythme d'opérations promotionnelles dont la mise en place constitue une activité importante pour le merchandiseur : signaler l'événement dans le magasin et à l'extérieur, mettre en avant les produits concernés, créer une ambiance festive en rapport avec l'opération…

Le calendrier constitue un répertoire inépuisable de thèmes (rentrée des classes, Noël, Saint-Valentin…)… Les marques des produits vendus dans le magasin sont invitées à participer à ces événements en mettant en place leurs propres offres spéciales qui s'accompagnent d'une mise en avant sur le point de vente : mobilier spécifique, placement du produit en « tête de gondole » (au bout du rayon, à l'endroit où la visibilité est maximale), communication en magasin (annonces radio, affiches sur les chariots…), présence d'animateurs pour faire goûter le produit…

62 %
des consommateurs font des achats d'impulsion

Astuce

Le merchandising événementiel permet de déclencher des achats d'impulsion : 62 % des consommateurs affirment acheter souvent en grande surface des produits qu'ils n'avaient pas prévu d'acheter. (Étude Asterop TNSofres LSA, nov. 2006)

Technique

Le merchandising d'un site Web

Un site internet marchand doit réfléchir comme un magasin à la manière d'optimiser son taux de transformation. Le principe est de permettre à un client de conclure un achat en ayant le moins de « clics » à faire, car chaque « clic » est un risque de le voir abandonner. Pour cela il faut comprendre les différents chemins suivis pour choisir un produit et adapter les outils de recherche : un site immobilier doit classer ses annonces par localité, par prix, par surface…

A vous de jouer !

1. Lydiane vend des arbres généalogiques clé en main : elle fait les recherches et réalise des tableaux personnalisés avec plusieurs générations d'ancêtres. Quels canaux de distribution lui conseillez-vous ?

a. Un site internet dédié à son activité.

b. Une petite boutique atelier dans un quartier historique.

c. Un partenariat avec une entreprise de « coffrets cadeaux » qui crée un produit spécifique.

d. Toutes ces options sont possibles, tout dépend de ses ressources.

2. Emmanuelle, styliste spécialisée dans les vêtements pour enfants, vend ses créations directement sur son site internet, plutôt que de passer par des boutiques de mode. Un des avantages de ce canal de distribution listés ci-dessous est faux… Lequel ?

a. Le contact direct avec sa clientèle lui permet de faire évoluer son offre vers ce qui plaît le plus.

b. Elle n'a pas de marge à verser à un intermédiaire.

c. Elle a moins de coûts fixes.

d. Elle contrôle la manière dont sont présentées ses créations.

3. Babeth a lancé une collection d'accessoires audio pour la course à pied qui se vend très bien dans les magasins de sport. On lui suggère de créer son propre site internet, que lui conseillez-vous ?

a. Vendre ses produits sur internet à un prix très intéressant pour séduire le maximum de clients.

b. Développer une collection exclusive pour le site et proposer les autres produits au même prix que dans les magasins de sport.

c. Ne pas créer de site, cela va être trop compliqué avec les magasins de sport.

4. Phuong ouvre un magasin d'objets de décoration exotiques, avec une collection de coussins en soie dont les magazines ont montré des photos. Que doit-elle faire en termes d'organisation de son point de vente ?

a. Disperser les produits de manière aléatoire dans le magasin, pour faire « bazar indien ».

b. Mettre les coussins à l'entrée et les autres produits au fond du magasin.

c. Mettre les coussins au fond et les autres produits à l'entrée.

5. Carole a lancé une gamme de cookies bio qui se vend très bien dans une chaîne de supermarchés. L'enseigne lui propose de participer à une opération « les journées nature » et de faire une dégustation avec offre promotionnelle dans le magasin.

a. C'est une excellente idée qui permettra de séduire de nouveaux clients !

b. C'est dévalorisant pour la marque de Carole.

c. Cela ne sert à rien, les consommateurs ont autre chose à faire !

Solutions

Question 1 : d. bien sûr !

Question 2 : c. La vente directe par son propre site internet génère des coûts fixes importants liés à la création et à la maintenance du site web.

Question 3 : b. C'est la meilleure solution pour exploiter le canal sans pénaliser ses distributeurs existants.

Question 4 : c : il vaut mieux mettre le produit d'appel, le coussin, en zone « froide », au fond du magasin ; surtout s'il se trouve déjà dans la vitrine.

Question 5 : a. Ce type d'animation est très efficace.

ON THE AIR
ZIP
ULTRA

Étape 12

Communiquer sur son offre

Faire connaître ses produits et séduire sa cible

L'étape 12 en un clin d'œil

1 La politique de communication

La communication suit un processus proche de celui du langage humain. C'est donc à la fois très intuitif... et de plus en plus compliqué : la communication est en pleine mutation et doit relever le défi de capter une audience fragmentée et interactive, créer du lien, s'appuyer sur internet et approcher les individus de manière globale. Aujourd'hui plus que jamais la démarche de communication doit être menée avec une grande cohérence entre la réflexion stratégique préalable et la mise en œuvre opérationnelle : création et diffusion du message publicitaire.
Définir sa stratégie de communication consiste à déterminer les objectifs et les cibles de communication, ainsi que le budget.

2 Créer son message

La création des messages de communication comporte trois phases :
– Les objectifs du message : que dire aux consommateurs ? quel bénéfice mettre en avant ?
– La création : comment le dire aux consommateurs, comment exprimer la promesse de la marque d'une manière originale et forte ? C'est la quête de l'idée créative.
– L'exécution : c'est la réalisation finalisée des messages avant diffusion.

3 Diffuser son message

Pour diffuser son message, il faut sélectionner au mieux les moyens médias et hors-médias chargés de le véhiculer. La diversité des offres médias couplée à une certaine versatilité du public et la révolution d'internet rendent plus complexe l'élaboration du plan média. L'objectif est d'entrer en contact avec le consommateur de la manière la plus efficace possible, au meilleur coût et au meilleur moment.

1 La politique de communication

Important

Ne pas confondre marketing, communication et publicité.

Le grand public associe souvent le marketing avec la politique de communication ou la publicité. Pour les marketeurs, la communication est la dernière variable opérationnelle des fameux « 4P » qui permet d'exprimer clairement les grands choix stratégiques : cible, positionnement et marque. La communication > Mot-clé n'est pas destinée à nous distraire, mais à vendre un produit ou un service, ou à créer des prédispositions favorables à son achat. La publicité est un des moyens de communiquer, vous verrez plus loin que c'est loin d'être le seul.

Mot-clé

La communication consiste à transmettre des messages aux différents publics afin de modifier leurs niveaux d'information, leurs attitudes, leurs comportements d'achat.

La démarche de communication

■ Qu'est ce que communiquer ?

La communication à travers le langage est un des aspects constitutifs de l'être humain, dont tout le monde maîtrise le fonctionnement... C'est le même principe qui sert de fondement à la communication d'une entreprise.

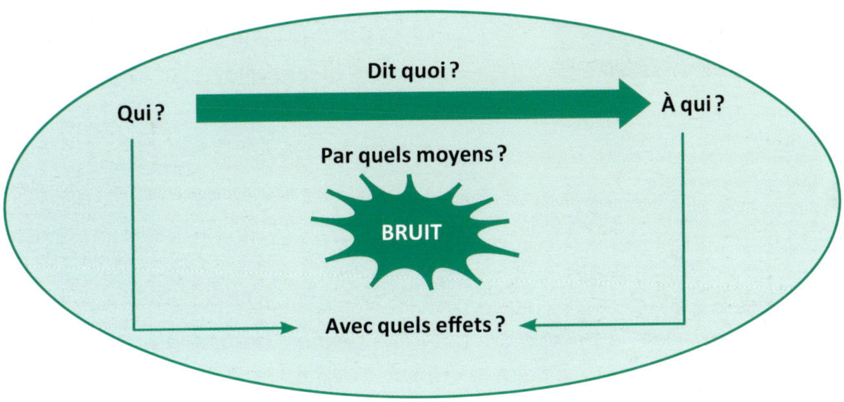

Le processus de communication, un simple mécanisme émetteur/récepteur !

Qui ?

C'est l'annonceur : ce peut être une entreprise privée ou publique, un pays, un parti politique, un particulier... L'annonceur finance la campagne de communication avec pour objectif de promouvoir son activité, ses marques ou ses produits.

La campagne presse de la carte Mozaic M6 du Crédit Agricole

> L'annonceur de la campagne « carte Mozaic M6 » est le Crédit Agricole, banque et assurance.

À qui ?

Ce sont les individus ou les organisations vers lesquels on a choisi de communiquer : consommateurs, clients, prospects, collaborateurs, actionnaires, citoyens, salariés...

> La communication « carte Mozaic M6 » cible les jeunes de moins de 25 ans, mais aussi, en tant que cible secondaire, leurs parents.

Dit quoi ?

C'est le message que l'annonceur souhaite transmettre. Le message proprement dit, l'idée à faire passer, est traduit en mots, tableaux, images, schémas... c'est un véritable « langage publicitaire ». En matière de communication la forme compte autant que le fond pour que le message soit compris, apprécié, mémorisé et associé à l'entreprise, à la marque ou au produit.

> La campagne « Carte Mozaic M6 » fait savoir que le Crédit agricole propose une carte spéciale pour les jeunes avec des avantages liés à M6. Les jeunes, téléspectateurs de l'émission « Nouvelle star » de M6, décodent facilement l'humour du message.

Par quels moyens ?

Ce sont tous les supports de communication chargés de véhiculer le message : TV, presse, affichage, radio, mailing, promotions des ventes, internet... Le message peut être présent sur un seul support ou relayé sur plusieurs supports complémentaires.

> La campagne « carte Mozaic M6 » a été déclinée en TV, affichage, presse et mailing.

Avec quel effet ?

L'effet attendu de la campagne de communication est de modifier le niveau d'information (faire connaître), l'attitude (faire aimer) et le comportement (faire agir) des différents publics visés. L'efficacité publicitaire est un enjeu important compte tenu des montants investis.

> La campagne « carte Mozaic M6 » permet d'informer les jeunes de l'existence d'une carte de paiement Mozaic, de leur donner envie de s'intéresser à cette carte qui leur est destinée, et enfin de leur faire souscrire : en sept mois, 500 000 cartes ont été commandées.

Le bruit

Le consommateur est soumis à de nombreux messages commerciaux chaque jour. Ce « bruit » ambiant est tel que l'individu rejette une grande partie de ces messages et perçoit seulement les sujets qui l'intéressent ou les messages qui sortent de l'ordinaire. Encore faut-il que le message soit correctement interprété !

La communication en pleine mutation

Communiquer aujourd'hui n'a plus grand-chose à voir avec ce qui se pratiquait il y a encore une dizaine d'années. Le développement du numérique et d'internet, les évolutions sociétales et économiques ont modifié en profondeur les comportements des consommateurs et amené les entreprises à envisager la communication de manière plus diversifiée et plus globale, à expérimenter de nouvelles approches, bref à développer un nouvel art de communiquer, plus complexe mais passionnant.

Capter une audience fragmentée et interactive

Le consommateur d'autrefois, sagement assis devant son poste de télévision et regardant avec une attention passive l'unique chaîne diffusée, n'existe plus. Aujourd'hui, les consommateurs peuvent choisir entre une infinité de médias différents, démultipliés par internet : presse écrite, programmes audiovisuels, contenus générés par des internautes... Ils multiplient les sources d'information, zappent rapidement de l'une à l'autre et en consultent souvent plusieurs à la fois. Il devient donc difficile de toucher une cible précise, qui se fragmente sur une multitude de supports !

De plus, le nouveau consommateur ne se laisse plus imposer une communication : il reçoit le message s'il en a envie, et ne se prive pas de prendre la parole à son tour pour exprimer ce qu'il ressent. Il faut donc trouver les bonnes circonstances pour entrer en contact avec lui et lui offrir la possibilité

Piège à éviter

Penser que tout est contrôlable. Il arrive qu'un message soit émis sur une marque par une tierce personne...

Un intervenant à la radio a ainsi qualifié de « vote Cyrillus » l'électorat de François Bayrou. Cette assimilation n'était certainement pas une stratégie délibérée de communication de la part de cette marque de vêtement.

Important

Internet révolutionne la communication.

d'interagir de manière positive pour éviter qu'il ne génère spontanément un bouche à oreille négatif.

Créer du lien

Communiquer de manière ponctuelle ne suffit plus. L'enjeu clé pour l'entreprise est de construire, développer et maintenir des relations avec ses clients dans la durée afin de pérenniser son activité. Les outils de communication personnalisés, comme le marketing direct, sont préférés aux approches publicitaires classiques, plus anonymes. Les entreprises développent de lourds programmes de gestion de la relation clients (CRM > mot-clé) qui consistent à collecter et analyser des « méga bases » de données clients, et à mettre en place des services dédiés au suivi et à la satisfaction des clients.

Mot-clé

Le CRM (*Customer Relationship Management* ou gestion de la relation clients) est un processus qui vise à accroître le chiffre d'affaires et la rentabilité de l'entreprise en développant une relation durable avec des clients identifiés comme intéressants. Le CRM permet de mieux les connaître et de les fidéliser. Il s'appuie sur des outils informatiques spécifiques de gestion de bases de données.

> Pour créer et entretenir le lien avec ses consommateurs, le groupe Danone a mis en place le site Danone & vous, avec un programme complet de relations par courrier et par mail. Danone & vous propose des informations sur les marques du groupe et l'envoi de bons de réduction, mais aussi des idées de menu et des conseils nutritionnels personnalisés qui permettent d'entretenir une relation individuelle et durable avec les clients.

Cette nécessité de créer une relation plus intense entre les marques et leurs clients se traduit aussi par le développement d'opérations créatives et originales, sur internet ou dans la rue, comportant une forte empreinte émotionnelle qui marque les esprits.

> Conforama a organisé un parachutage de meubles dans le quartier du Pont Neuf à Paris pour célébrer la rénovation de son magasin. Des milliers de personnes témoins de cette scène spectaculaire l'ont filmée ou photographiée et diffusée à leur entourage !

S'appuyer sur internet

Comme vous le découvrirez en détail plus loin, internet et le mobile offrent des opportunités fabuleuses pour la communication. Certains parlent d'une révolution comparable à l'invention de l'imprimerie au XVe siècle ! Dans une logique publicitaire classique, internet permet un ciblage quasi individualisé en fonction des centres d'intérêt ou des comportements observés ; mais son usage va bien plus loin que la simple diffusion de messages publicitaires. Internet permet aux marques de créer un contenu vivant et interactif. Le consommateur dialogue, échange, commente, transmet… Enfin, internet est aussi un moyen de diffuser des informations efficacement grâce à l'extraordinaire interconnexion des internautes.

> Pour accompagner le lancement de son nouveau parfum Trésor in Love, Lancôme a mis en ligne un mini-site qui invite les internautes à poster une déclaration d'amour sur un « Love Wall ». Ce site diffuse aussi des séquences inédites filmées par le réalisateur de la campagne publicitaire. (CBNEWS 2 avril 2010).

Avis d'expert

Nicole Derrien, directrice de la Communication au Crédit Agricole

Comment communiquer auprès de cibles de plus en plus « zappeuses » ?

« La question que l'on se pose aujourd'hui est comment créer du lien avec des conso'acteurs qui délaissent les radios traditionnelles au profit de l'écoute en streaming, choisissent de regarder leur série TV sur internet, lisent la presse sur leur mobile et réagissent en temps réel à toutes sortes d'infos en envoyant des twits à leurs réseaux…
En d'autres termes, comment utiliser le potentiel du web pour installer un dialogue qui ne peut exister sur les autres médias ?
Par exemple, en complément d'un dispositif TV classique, nous avons lancé une action sur Facebook auprès des Jeunes Actifs, en demandant à des blogueurs influents d'illustrer via un traité BD les "difficultés" récurrentes auxquelles se heurtent les jeunes qui rentrent dans la vie active : trouver un premier appart, rechercher leur premier emploi, acheter la première voiture, enfin toutes ces premières fois qui rendent parfois la vie un peu compliquée ; chaque semaine, une mini-BD est mise en ligne sur notre page Facebook, ce qui permet d'ouvrir le dialogue avec les Jeunes de façon plus originale et de répondre aux principales questions qu'ils nous posent à travers des tchats thématiques ou des experts qui répondent en ligne.
Déjà 7 000 fans viennent chaque semaine réagir et poser leurs questions ! »

Communiquer de manière globale

Autrefois seule la publicité était traitée comme un moyen de communication stratégique. Les autres approches, bien que couramment employées, étaient gérées à un niveau opérationnel et rarement coordonnées avec les campagnes télé ou presse. Aujourd'hui, compte tenu de la difficulté à capter l'attention du consommateur et à émerger parmi l'abondance de messages, la priorité va à la cohérence de tous les messages émis par la marque. L'idée est de considérer le consommateur comme une cible unique et de multiplier tous les points de contact avec lui, dans une logique à 360°. Chaque moyen ou support de communication, média ou hors-média, est un point de contact susceptible de transmettre les valeurs clés de la marque.

■ Communiquer pour une entreprise : une démarche en trois temps

Pour une entreprise, la démarche de communication, aujourd'hui plus que jamais, doit être menée de façon globale, avec une grande cohérence entre la réflexion stratégique préalable, la création et la diffusion du message publicitaire.

■ **La stratégie de communication** est la réflexion stratégique préalable destinée à poser les bases du processus de la communication. Elle consiste à choisir ce que l'annonceur (qui ?) va promouvoir (son activité, ses marques ou ses produits) et à définir les objectifs (« quel est l'effet attendu ? »), la cible (« à qui ? »), le budget.

- **La création du message** consiste à déterminer quoi dire sur le fond et sur la forme (« dit quoi ? »). Elle comprend une réflexion complète et cohérente sur le fond des messages publicitaires, la création de ces messages et leur exécution avant diffusion.
- **La diffusion du message** consiste à établir une sélection parmi les nombreux supports de communication : M6, Facebook, NRJ, presse gratuite... C'est la réponse à la question : « par quels moyens ? »

Définir sa stratégie de communication

Les objectifs de communication

Dans l'étape 6, vous avez découvert comment fixer des objectifs ventes, de profits ou clients. Ces objectifs marketing globaux d'action sur le marché doivent être déclinés en action sur le mental de la cible visée afin de faire connaître le produit, le faire aimer et enfin le faire acheter. Comme toujours dans le domaine du marketing, il est important que ces objectifs soient précis, chiffrés et mesurables.

Faire aimer la marque...

Faire connaître

Pour être acheté, un produit doit tout d'abord être connu ! Certaines opérations de communication cherchent à modifier l'attitude du consommateur par rapport au produit ou à la marque au niveau cognitif. La communication vise ainsi à faire connaître : devenir la première marque présente à l'esprit (notoriété *top of mind*), développer la notoriété (spontanée ou assistée) de la marque ou du produit, informer d'une nouveauté, signaler une opération de promotion, alerter, conseiller et aussi faire parler de la marque.

> Lors de l'ouverture du marché des renseignements téléphoniques, la bataille entre les différents numéros a été rude. L'objectif de chacun des numéros est identique : faire connaître son numéro, et plus précisément devenir le numéro le plus présent à l'esprit. En frappant juste et fort dès le départ, 118 218 est devenu « le numéro de tous les numéros ».

Faire aimer

Un autre objectif de la communication peut être de modifier l'attitude du consommateur au niveau affectif. Elle vise à faire aimer un produit ou une marque : construire, renforcer, crédibiliser, améliorer, voire modifier une image de marque; créer du lien et développer une relation privilégiée à la marque; donner du sens à la consommation de celle-ci...

Faire agir

Enfin la communication peut travailler sur l'attitude du consommateur au niveau conatif, c'est-à-dire créer des dispositions favorables à l'achat. Elle veut faire agir les consommateurs : les faire acheter, attirer de nouveaux clients, créer du trafic vers le produit ou le point de vente; et aussi fidéliser les clients, les faire racheter plus souvent ou en plus grosses quantités.

Faire venir les futurs propriétaires

> Nombreux sont ceux qui connaissent et aiment la Société Protectrice des Animaux, moins nombreux sont ceux qui vont faire la démarche d'adopter. Pour inciter les futurs propriétaires à venir adopter, la SPA a développé une campagne « Noël des animaux ».

Faire connaître, faire aimer, faire agir

L'objectif d'une campagne de communication est généralement une combinaison de ces trois grands types d'objectifs.

> Les organisations humanitaires souhaitent sensibiliser le grand public et convaincre les donateurs potentiels de s'engager. Action contre la Faim est partie du constat que les gens s'émeuvent devant la faim médiatisée, mais ne passent pas à l'acte de don. La communication d'Action contre la Faim répond à trois objectifs :
> – Faire connaître : informer qu'en 2009 la faim concerne un milliard d'individus.
> – Faire aimer, faire s'émouvoir les gens : si on reste indifférent, la situation des affamés dans le monde ne peut pas s'améliorer, et finalement on est complice de cette situation dramatique.
> – Faire agir : envoyer des dons peut sauver des affamés de l'oubli et de la mort.

La campagne d'Action contre la Faim

Cette communication vise les femmes de 25 à 65 ans

Les cibles de communication

Déterminer les cibles de communication consiste à choisir les individus à qui la campagne s'adresse prioritairement et à dresser leur portrait. Connaître en profondeur sa cible de communication permet de savoir comment lui parler et quels sont les meilleurs supports de communication pour la toucher.

> Le leaflet de l'Institut National du Cancer pour le dépistage du cancer de l'utérus s'adresse aux femmes de 25 à 65 ans, et notamment celles qui n'ont pas de suivi médical régulier. Ce leaflet transmet une information détaillée sur ce dépistage.

Dans le cadre d'une démarche marketing logique, l'annonceur choisit ses cibles de communication en cohérence avec la cible consommateur visée par la marque (*cf.* étape 7) et parmi les individus qui ont une influence dans le processus d'achat (*cf.* étape 4). Ainsi la communication peut s'adresser aux consommateurs actuels de la marque ou à ses consommateurs potentiels, aux acheteurs actuels ou potentiels, aux influenceurs, leaders d'opinion, prescripteurs, au grand public, à des individus ou des entreprises…

> Depuis de nombreuses années, Fruit d'Or Pro-activ communique auprès des professionnels de la santé pour faire savoir que cette margarine contient des stérols végétaux, qui ont prouvé scientifiquement leur efficacité dans la baisse du cholestérol. La marque s'adresse ici à une cible de communication bien précise : les influenceurs.

Le stand de Fruit d'Or Pro-activ lors d'un congrès médical

Quand les destinataires de la communication vont relayer une action, un produit, un évènement dans leur entourage par le bouche-à-oreille ou par internet, on parle de buzz. Certaines campagnes ont pour objectif explicite de générer du buzz d'un consommateur à l'autre.

Comment démontrer que voyages-sncf.com n'est pas uniquement le guichet online de la SNCF mais bel ct bien une agence de voyages en ligne proposant une multitude d'offres comme par exemple des vols Paris-New York ?
La SNCF a organisé un buzz construit autour des utopies de Jules Verne concernant la possibilité de relier Paris à New York par le train et contenant des détails à la fois amusants et réalistes. Le site s'est fait connaître par une campagne publicitaire classique (bannières Internet, affichage) ; mais surtout par le fantastique bouche-à-oreille généré par cette campagne...

Astuce

La communication *one to one* est très utilisée pour communiquer vers une cible d'entreprises (B to B).

On ne conçoit pas les mêmes messages, on n'utilise pas les mêmes supports selon que l'on s'adresse à des publics vastes, à de petits groupes ou à des individus pris un par un (*one to one).*

Darty est le premier sponsor des émissions TV avec un objectif de répétition et de régularité auprès d'un public vaste.
Un stand au salon nautique permet de faire connaître un nouveau modèle de bateau aux passionnés de voile.

Le budget de communication

Les dépenses de communication des annonceurs s'élèvent en 2009 à près de 30 milliards d'euros (IREP France pub 2009). 94 % de ces dépenses sont réalisées par 9 % des annonceurs appartenant principalement aux secteurs automobile, téléphonie, distribution et grandes entreprises agroalimentaires (TNS média intelligence 2009). En dehors de la crise en 2008-2009, la tendance des dix dernières années est à l'accroissement des budgets de communication en raison de l'augmentation de la concurrence, la banalisation des produits, la puissance de la grande distribution et la baisse de l'efficacité des sommes investies.

Technique

Les méthodes d'évaluation de l'efficacité publicitaire

Compte tenu de l'importance des budgets de communication, les enreprises réalisent des tests publicitaires. Ces tests permettent de savoir si une campagne publicitaire atteint ses objectifs au niveau de la compréhension, l'impact, la mémorisation et l'attribution à la marque. On peut les organiser sous forme de sondage, avant ou après la diffusion de la campagne. L'analyse des ventes permet également de mesurer l'efficacité d'une campagne publicitaire.

Quelle que soit l'entreprise, la communication représente un poste budgétaire majeur. Il est essentiel de définir son montant dès le départ, car ce dernier influence à la fois la création publicitaire et le choix des médias.

Un petit budget peut inciter à jouer la créativité pour émerger face à des budgets concurrents plus importants, quitte à prendre des risques... Pour trouver un sponsor, le perchiste Romain Mesnil a créé un buzz incroyable sur internet en courant nu dans les rues de Paris.
Il faut disposer de plusieurs centaines de milliers d'euros pour envisager une campagne nationale à la télévision.

2 Créer son message

En pratique

Pour créer la campagne de communication, les annonceurs collaborent avec des agences de communication et des prestataires extérieurs. Les commerciaux de l'agence de communication réfléchissent à la stratégie, les créatifs imaginent les messages, les producteurs et photographes tournent les films et réalisent les photos.

La création des messages de communication comporte trois phases : les objectifs du message (que dire ?), la création (comment le dire ?) et l'exécution (la réalisation finalisée des messages avant diffusion). Cette démarche est essentielle dans le cas d'une campagne publicitaire mais la réflexion sur le message, son fond et sa forme est indispensable pour toute action de communication, même celles qui empruntent d'autres supports. C'est un des aspects les plus excitants de la fonction marketing… mais c'est aussi un des plus délicats en raison des multiples enjeux : attirer l'attention, faire comprendre son idée, convaincre, rendre la marque bien visible…

Le message publicitaire : que dire ?

Comme l'illustre le proverbe chinois, « des paroles carrées n'entrent pas dans des oreilles rondes », le message publicitaire doit être adapté à la cible visée. La réflexion sur le message va porter sur le bénéfice mis en avant auprès des consommateurs (qu'on appelle la promesse), la preuve (le support de cette promesse), le ton du message et les contraintes de création.

■ Le bénéfice consommateur ou promesse

Le bénéfice consommateur, ou promesse, est l'argument le plus persuasif à mettre en avant dans la communication pour la cible visée. Dans le cadre d'une démarche marketing logique et cohérente, cet argument doit refléter le positionnement de la marque (*cf.* étape 8). La promesse n'est finalement que la déclinaison publicitaire du positionnement du produit. C'est pourquoi elle est souvent issue d'un atout du produit par rapport à ses concurrents, elle met en avant un bénéfice pour la cible visée.

Piège à éviter

Vouloir tout dire et ne pas faire de choix. Pour éviter ce piège, il faut construire sa communication autour d'une promesse attractive pour le consommateur, unique et spécifique à la marque.

> Le positionnement de Signal White Now est d'être « un dentifrice qui rend les dents blanches instantanément ». Ce positionnement est décliné dans tous les aspects du mix marketing. La formule du produit a été spécifiquement élaborée pour son pouvoir blanchissant immédiat. Le prix premium est justifié par ce résultat. La promesse de communication, « des dents blanches instantanément plus blanches dès le 1er brossage » apporte un bénéfice clair… à tous ceux qui aiment sourire.
> La promesse reflète donc bien ici le positionnement du produit.

Un bénéfice consommateur unique : l'effet blancheur instantanée

■ Le support de la promesse ou la preuve

La preuve est la justification que la marque peut donner pour convaincre de la véracité de la promesse. Les preuves sont souvent des témoignages (anonymes ou d'une star), des démonstrations techniques (*torture test*), des preuves scientifiques.

> Vous souvenez-vous de cette campagne de communication énigmatique : une simple phrase dans un bandeau blanc et noir « des traces d'alcool cyanhydrique, de mercure, d'acétone et d'ammoniac ont été décelées dans un produit de consommation courante. Pour plus d'information appelez gratuitement le 0800 404 404 » ? En appelant ce numéro, vous découvriez que le produit en question était… la cigarette. La promesse est que ce produit est dangereux pour la santé, la preuve est clairement exprimée : la composition des cigarettes.

> La promesse d'Absolut est d'être une vodka très pure. Le support de cette promesse est que le produit est élaboré avec un processus de distillation continue.

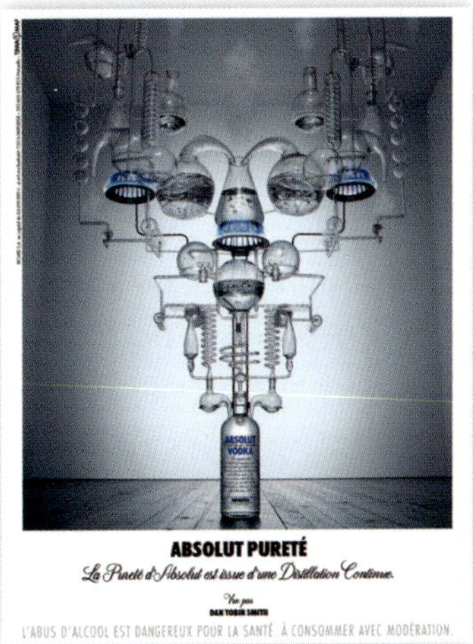

La distillation continue est la preuve de la promesse de pureté d'Absolut

Un ton provocateur pour la campagne de la SPA

■ Le ton

Le ton est la forme que l'on souhaite donner au message selon la personnalité de la marque, sa relation à la cible, son style et le mécanisme utilisé. L'humour est fréquemment employé, mais le ton peut aussi être rationnel, rassurant, émouvant, anxiogène, culpabilisant, décalé…

La SPA adopte un ton volontairement provocateur pour dénoncer l'abandon des animaux en mai : la période du festival de Cannes devrait être propice aux rêves… et non à l'abandon des animaux.

■ Les contraintes de création

Les contraintes sont de deux ordres : ce qui est indispensable dans le fond et dans la forme, pour respecter le produit, les codes de la marque ; ce qu'il faut absolument éviter, notamment d'un point de vue réglementaire.

Pour respecter les codes de la marque Dim, il ne faut pas oublier le célèbre jingle.
La mention légale « l'effet blancheur est optique et temporaire » doit figurer en petits caractères sur toutes les communications du dentifrice Signal White Now.

La loi relative à la politique de santé publique impose aux annonceurs de certains produits alimentaires d'introduire des messages sanitaires dans leurs publicités du type « Pour votre santé, mangez au moins cinq fruits et légumes par jour. »

En pratique

La *copy strategy* (ou « plan de travail créatif »)

La *copy strategy* est le cahier des charges établi par les commerciaux de l'agence de communication en accord avec l'annonceur à l'intention des créatifs d'une agence.
Elle reprend les grandes rubriques qui vont permettre aux créatifs d'imaginer leur message publicitaire : objectifs de la communication, cible, promesse et preuve, ton et contraintes de création.

La création : comment le dire ?

« Pour pénétrer la bonne société aujourd'hui il faut soit nourrir les gens, soit les amuser, soit les choquer – c'est tout. » Oscar Wilde

Savoir ce que l'on veut dire est une condition nécessaire à la création publicitaire, encore faut-il trouver comment le dire, comment exprimer la promesse de la marque d'une manière originale et forte dans un film TV, une annonce presse, une affiche… C'est la quête de l'idée créative, qui dépend du talent du créatif de l'agence de communication… C'est le moment où l'art et le marketing se rencontrent.

Pour faire comprendre l'idée créative à l'annonceur, le créatif de l'agence de communication présente le scénario du film publicitaire à l'aide d'un découpage plan par plan : un *story-board*. Pour une affiche ou une annonce presse il prépare des maquettes, ou des dessins.

Le *story-board* d'un film publicitaire Miel Pops cracks de Kellogg's

Et maintenant

Les Cracks de Miel Pops !

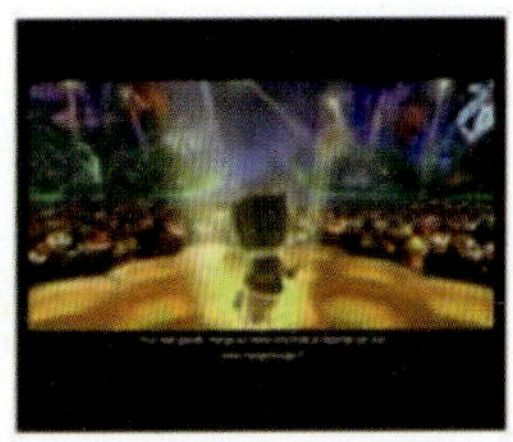

J'adore Cracks au Miel

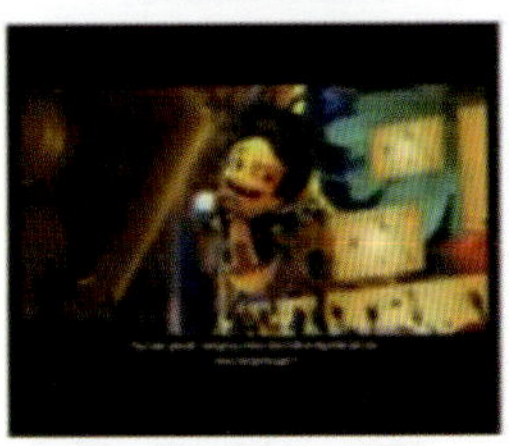

J'adore Cracks au Miel

Explose les papilles…

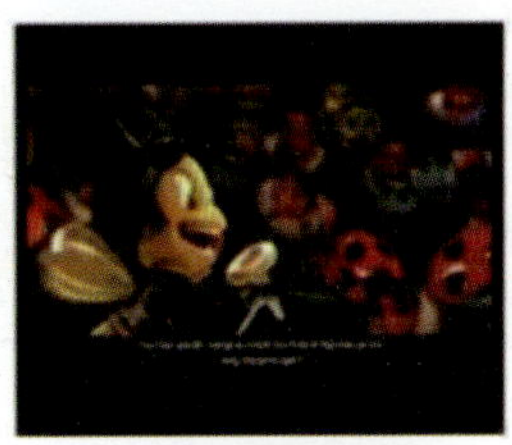

… et les décibels!

J'adore Cracks au Miel

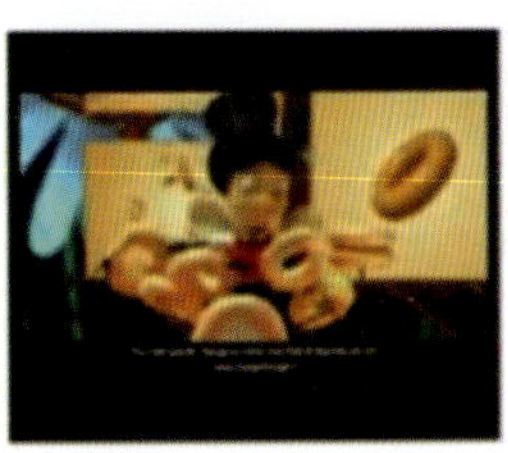

Ca fait craquer les filles

Elles craquent pour Cracks

Cracks de Miel Pops

Naturellement craquant!

Pour promettre que les colis postaux sont protégés, Fédéral Express montre la livraison d'un colis contenant la chose la plus fragile du monde : un château de cartes.

Pour promettre que des chaussures de sport augmentent votre performance, une marque montre un coureur qui, grâce à ces chaussures, court plus vite que son ombre.

L'exécution : la réalisation finalisée des messages

L'exécution est effectuée par des prestataires professionnels : réalisateurs, photographes, stylistes, musiciens...

Une exécution réussie pour la campagne Club Med « Tous les bonheurs du monde »

Depuis 2004, le Club Med a réalisé une montée en gamme sur l'ensemble de son offre et cherche à réconcilier tous les critères du haut de gamme au bonheur d'une expérience humaine. L'exécution de la campagne « Tous les Bonheurs du monde » vise à traduire la richesse de cette nouvelle promesse : le partage d'expériences émotionnelles, de bonheurs vécus grâce à la vaste collection des offres, activités, et découvertes proposées en Village.

Astuce

Pour découvrir le monde des créatifs en agence de communication, achetez le livre *99 francs* de Frédéric Beigbeder ou allez voir le film.

3 Diffuser son message

Quelle que soit la qualité des messages conçus et réalisés, ils ne pourront séduire et convaincre leurs destinataires que s'ils les atteignent. C'est pourquoi le choix des moyens de communication est aussi important que l'élaboration du message. Pour diffuser son message, il faut donc sélectionner au mieux les moyens médias : mass-médias et hors-médias > mots clés et choisir tous les supports > mot-clé chargés de le véhiculer.

Mot-clé

Les mass-médias – presse, TV, affichage, radio, cinéma et plus récemment internet – permettent de diffuser une information vers un grand nombre d'individus sans possibilité de personnalisation du message.

Le hors-média regroupe les techniques de communication n'utilisant pas les mass-médias : marketing direct, promotions des ventes, relations publiques, salons et foires, annuaires, parrainage, mécénat…

Un support est un vecteur de communication particulier à l'intérieur d'un média (la radio est un média et France Info est un support).

Les outils d'une communication globale

La publicité par les mass-médias, associée à l'émergence des produits de grande consommation, a longtemps été la composante majeure des dépenses de communication marketing. On a donc pris l'habitude de considérer que les plans de communication étaient construits sur de la publicité avec, le cas échéant, des compléments : le hors-média. En 1970, la publicité mass-média représentait 60% des dépenses de communication des annonceurs contre 40 % pour le hors-média. Le hors-média a connu ensuite un essor incroyable pour atteindre aujourd'hui 2/3 des dépenses. En effet, le hors-média permet un ciblage précis et restreint, met en place une relation de proximité et de sympathie, soutient et complète la publicité média traditionnelle qui reste coûteuse et n'hésite pas à partir à la rencontre du consommateur.

L'arrivée d'internet a révolutionné le paysage médias. La radio n'a pas tué la presse écrite, et la télévision n'a pas sonné le glas des journaux et de la radio… Les nouvelles technologies liées au web et à ses déclinaisons n'enterreront pas les médias traditionnels, mais contribueront à les faire évoluer. Aujourd'hui, les dépenses en communication des annonceurs se répartissent entre de nombreux médias (voir figure ci-après).

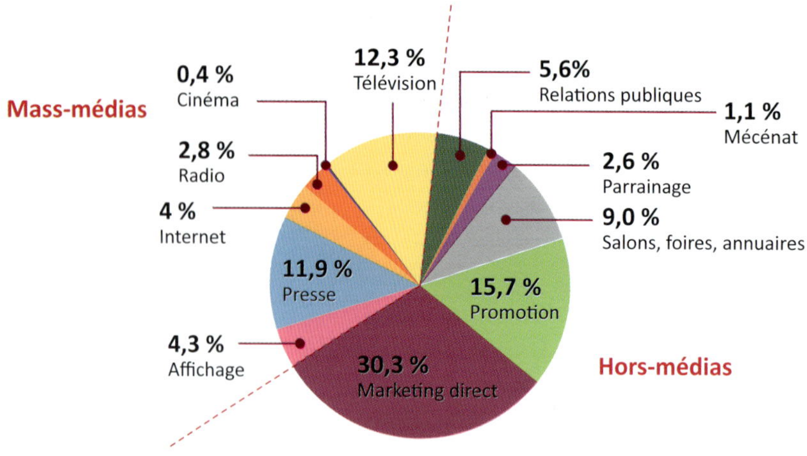

Les dépenses des annonceurs par média (France Pub 2009)

Important

Les médias doivent travailler en synergie pour véhiculer un message cohérent

L'élaboration du plan média est complexe en raison de la diversité des offres médias couplée à une certaine versatilité du public et à la révolution d'internet. L'objectif des annonceurs est d'entrer en contact avec le consommateur de la manière la plus efficace. Il s'agit de partir du client et de construire un concept global de communication de marque : une architecture de plusieurs moyens de communication qui fonctionnent en synergie et véhiculent un message cohérent. Dit autrement, c'est dire les bonnes choses (la promesse de la marque), aux bonnes personnes (segmenter sa cible), au bon endroit (imaginer tous les points de contacts efficaces et en faire des médias), au bon moment (comprendre la vie des consommateurs pour savoir leur parler au moment clé).

Panorama des moyens médias et hors-médias

■ La télévision, pour construire et renforcer l'image

La télévision est un média puissant : 89,8 % des Français sont en contact quotidien avec la télévision en 2009. Le phénomène marquant de ces dernières années est la fragmentation de l'audience, due à la multiplication des chaînes (plusieurs centaines) et des équipements (TV classiques, ordinateurs, téléphones, lecteurs DVD...). C'est un média d'image, avec un fort impact émotionnel qui devient de plus en plus qualitatif : le présent est en haute définition, le futur en trois dimensions...

La presse magazine, pour convaincre et renforcer l'image

La presse magazine est un média relativement puissant : 54 % de la population âgée de 15 ans et plus lit au moins un magazine (audipresse-2009). Il existe de nombreux titres, sur des sujets variés. Chaque magazine a un lectorat bien particulier, et la connaissance de ce lectorat permet de toucher en priorité ses consommateurs et de mettre en valeur le produit.

> Saviez-vous que le lectorat de *Playboy* a entre 25 et 39 ans, appartient aux catégories sociales favorisées, est célibataire, épicurien et urbain ?

La presse permet d'argumenter sur le produit

> La marque Post-it®, bien connue pour ses Notes, poursuit l'objectif de se faire remarquer dans l'univers des stylos où existent déjà de nombreux acteurs, et de communiquer le double bénéfice de ces stylos : ils permettent d'écrire et d'indiquer la page correspondante au moyen d'un marque-page. La campagne de communication « je suis bi et vous ? » s'est déployée dans la presse professionnelle (des papetiers, des acheteurs, de la distribution…) et la presse magazine (*L'Express*…). La presse est bien adaptée pour expliquer et argumenter sur le produit. Les titres choisis vont permettre de cibler finement les professionnels au bureau comme à la maison afin de les séduire avec cette communication au ton volontairement décalé.

La presse quotidienne, pour alerter, promouvoir rapidement

Cette presse quotidienne nationale et régionale est un média également puissant : 68 % de la population lit un quotidien. Les nombreux titres permettent de toucher finement une cible particulière, et notamment les leaders d'opinion. Ce média permet d'informer et de promouvoir un produit avec une mise en œuvre rapide.

L'affichage, pour faire savoir, crédibiliser

L'affichage offre une grande variété de supports (panneaux en extérieur, affichage dans les transports, mobilier urbain, chariots d'hypermarchés, murs peints, affichage mobile…) et développe de nouveaux concepts comme l'affichage déroulant ou l'affichage interactif. L'affichage est le média de masse par excellence : il favorise de nombreux contacts, même si l'attention est faible. C'est un média d'impact et de création de trafic.

Astuce

La presse régionale et l'affichage rendent possible un ciblage géographique.

La campagne de la Fondation Abbé Pierre utilise avec beaucoup d'intelligence les supports affichage : panneaux 4 × 3, abribus, sucettes Decaux

La radio, pour faire connaître et promouvoir

La radio est au cœur du quotidien des Français : presque tout le monde possède un appareil pour écouter la radio (poste radio, autoradio, ordinateur, MP3 Tuner, écoute en différé, podcast…) et 83 % des Français écoutent chaque jour la radio (Médiamétrie 2010)… parfois avec une attention réduite. Les nombreuses radios (1 100 stations) permettent un ciblage fin. Ce média permet de faire connaître un produit (répétition) et de créer du trafic.

Le cinéma, pour construire et renforcer l'image

Le cinéma est un média populaire sans être de masse : six Français sur dix (âgés de six ans et plus) sont allés au cinéma en 2007, mais seulement deux sur dix sont des habitués (au moins une fois par mois). Le cinéma permet de cibler les jeunes, les étudiants, les urbains et les catégories sociales favorisées. C'est un média exceptionnel pour ses qualités de communication, compte tenu de la richesse sensorielle du grand écran et de la grande disponibilité de l'audience.

Internet et les réseaux sociaux pour créer du lien et du buzz

Internet s'impose désormais comme un média incontournable dans les stratégies de communication : 66 % des Français sont connectés (Médiamétrie 2010) tandis que se développe la communication sur mobile. Ce média permet un ciblage individualisé et donc une personnalisation du message en fonction des centres d'intérêt de l'internaute. En sélectionnant les sites fréquentés, les rubriques consultées, les types de produits choisis, on peut connaître les consommateurs intéressés par l'offre et interagir avec eux.

66 %
des Français utilisent internet

Internet peut s'utiliser de trois manières :

- En publicité comme un média classique, en achetant de l'espace publicitaire sur d'autres sites (bannières, fenêtres…).
- En marketing direct par l'envoi de e-mailings.
- D'une manière spécifique à internet : les liens sponsorisés et l'affiliation. L'entreprise qui cherche à se faire connaître (un libraire en ligne) place des liens sur d'autres sites susceptibles de toucher un public intéressant (des sites d'auteurs, avec un lien qui propose d'acheter le livre). Dans ce cas, le libraire rémunère le site partenaire en fonction du nombre de visiteurs apportés ou de livres vendus.

Internet pour expliquer de façon vivante une information complexe

Plus globalement, internet permet aux marques de créer un contenu vivant et interactif, même quand l'information à diffuser est complexe. Le consommateur devient un lecteur régulier des lettres d'informations et des articles postés sur le site de la marque… Cette relation nourrie n'a plus rien à voir avec la réception de messages publicitaires ! La clé du succès consiste à trouver la thématique la plus parlante pour ses clients, à créer un contenu de qualité et à laisser les consommateurs participer et faire vivre le site.

> L'éditeur de magazines pour enfants Bayard Jeunesse propose à ses abonnés une newsletter avec des thématiques variées sur les enfants et anime un blog pour les parents sur l'éducation.

Important

Internet et les réseaux sociaux sont devenus incontournables.

Enfin, internet est aussi un moyen de diffuser des informations efficacement grâce à l'extraordinaire interconnexion des internautes.

La première technique consiste à lancer un message et à attendre qu'il soit repris et transmis d'un internaute à l'autre, par une sorte de « bouche-à-oreille » numérique ; la condition étant que ce message soit étonnant ou spectaculaire.

> C'est souvent le cas de vidéos postées sur Youtube, comme ce film tourné par une enseigne de bricolage allemande, montrant une vedette de motocross tentant de sauter par-dessus un magasin… et faisant une chute spectaculaire ! Tout était totalement fictif mais la vidéo a été vue par des millions de personnes.

L'autre technique consiste à s'appuyer sur des relais de qualité comme les blogueurs, à qui les marques envoient des informations sur leurs nouveaux produits, leur actualité… comme elles le font auprès des journalistes.

Pour répondre aux attentes de ses lectrices, le blog « jesuisunique.fr », dédié à la beauté, est devenu un véritable magazine en ligne

Avis d'expert

Andreas Kaplan, professeur de marketing à l'ESCP Europe

Comment utiliser les Médias Sociaux dans une politique de communication ?

« Les Médias Sociaux (MS) sont définis comme "un groupe d'applications en ligne qui se fondent sur l'idéologie et la technologie du Web 2.0 et qui permettent la création et l'échange du contenu généré par les utilisateurs" (Kaplan et Haenlein, 2010, p. 61). Au sein de cette définition générale, on peut distinguer six types différents de MS : les projets collaboratifs (Wikipedia), les blogs et microblogs (Twitter), les communautés de contenu (Youtube), les sites de réseaux sociaux (Facebook), les mondes virtuels de jeux (World of Warcraft) et les mondes sociaux virtuels (Second Life).

Une entreprise souhaitant utiliser un de ces MS, devra respecter les cinq conseils suivants :

1) Être actif : S'assurer que son contenu est à jour, et lancer de nouvelles discussions.
2) Être intéressant : Écouter les clients, et poster du contenu répondant à leurs attentes.
3) Être humble : Apprendre les règles principales avant de participer.
4) Être informel : Éviter de mettre en ligne du contenu trop formel.
5) Être honnête : Ne jamais croire que les utilisateurs ne vont pas voir que vous mentez.

Dell, constructeur d'ordinateur, suit ces conseils à la lettre. Pour être actif, Dell emploie plusieurs personnes formées à interagir avec les utilisateurs des MS. Dell ne fait pas qu'écouter ses clients mais transforme leurs commentaires en nouveaux produits ou améliorations. En prenant le temps de découvrir les applications des MS avant d'y participer, Dell fait preuve d'humilité. Les conversations de Dell sur les MS s'adaptent – par exemple sur Twitter, le langage est plutôt informel. Et finalement pour garantir l'honnêteté, Dell impose des règles strictes à ses employés utilisant les MS. »

Andreas M., Haenlein M. (2010), « Users of the World Unite! The Challenges and Opportunities of Social Media », *Business Horizons*, 53(1), 59-68.

Le marketing direct, pour informer et faire agir

Le marketing direct est un ensemble de techniques *on line et off line* (mailing, e-mailing, imprimés sans adresse, numéros verts, SMS, catalogues...) permettant de communiquer un message directement à une personne et l'incitant à une réponse immédiate avec ou sans offre commerciale à la clé. Le marketing direct crée une relation personnalisée et interactive avec la cible en s'appuyant sur les multiples possibilités offertes par la maîtrise et la gestion des bases de données clients (CRM) et par les nouvelles technologies. Le marketing direct permet de recruter de nouveaux clients par des campagnes d'information et prospection sélective,

Fnac Éveil & Jeux utilise le marketing direct pour fidéliser ses clients : les parents reçoivent un email quelques jours avant l'anniversaire de leur enfant

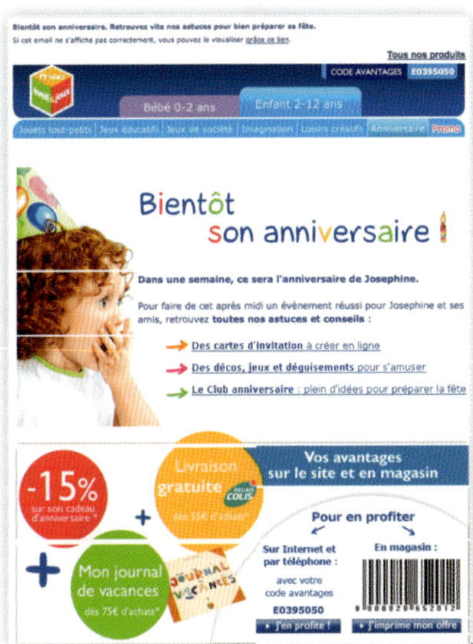

d'augmenter la rentabilité des clients existants en leur proposant d'autres produits que ceux achetés habituellement et enfin d'allonger la durée de la relation client par la création de programmes de fidélité. Le succès d'une opération de marketing direct repose sur la qualité du fichier clients et sur la construction du message qui doit rapidement séduire, convaincre et inciter à agir.

> Pour créer du trafic, Go sport invite ses clients par courrier à des promotions ciblées et des pré-soldes privées (8 à 10 campagnes de mailings par an). Chaque client reçoit un SMS de relance deux jours avant.

Astuce

Les promotions des ventes, composantes de l'attractivité des points de vente, constituent un élément central des négociations entre fabricants et distributeurs.

La promotion des ventes, pour faire essayer, soutenir et défendre un produit

La promotion des ventes consiste à associer à un produit un avantage temporaire destiné à faciliter ou à stimuler son achat. Les trois quarts des promotions sont des réductions de prix, les autres promotions sont des jeux et concours, cadeaux offerts au consommateur (primes) et offres d'essai gratuit. Les promotions sont annoncées sur les produits eux-mêmes, sur le lieu de vente, dans la rue auprès de la population à atteindre (on parle alors de *street marketing*), dans d'autres médias et de plus en plus sur internet.

Pour faire essayer un nouveau produit au consommateur, les marques utilisent des techniques d'échantillonnage, d'essai et de bons de réduction immédiats, avec le relais d'animatrices, de mises en avant et d'animations événementielles en magasin ou dans la rue.

Une prime directe pour faire acheter plus

> Pour lancer son nouveau parfum réglisse, la marque de pastilles Fisherman's Friend s'invite dans les rues de Paris pour un échantillonnage effectué par des hôtesses vêtues de rouge et noir chevauchant des Harley Davidson.

Pour augmenter les quantités achetées par les consommateurs, les marques proposent des prix spéciaux, des lots avec ou sans réduction de prix, des produits en plus, des offres de remboursement, des primes directes.

Pour élargir leur clientèle, les marques privilégient les ventes jumelées, les coupons, les jeux ou concours, et les mises en avant.

Le concours Break Ultime de Kit Kat vient de proposer la réalisation de ses rêves au consommateur qui tomberait sur le code gagnant dans un paquet. La marque met à disposition du gagnant un jet qui le mènera où ses désirs le portent. Pour promouvoir l'opération, un dispositif multimédia est mis en place : un film web et TV, une forte présence dans le magazine Closer, une page Facebook et des bannières internet.

Un jeu concours pour attirer les enfants et les parents

Pour fidéliser la clientèle, les techniques employées sont les mises en avant, les bons de réduction sur prochain achat, les offres de remboursements, les primes différées ou encore, dans un contexte plus concurrentiel, des réductions de prix et des programmes de fidélisation.

En utilisant vos bons de réduction pour vos achats de Ricard, vous cumulez des points qui vous donnent accès à la boutique Ricard et sa gamme d'objets exclusifs.

Le mécénat, pour améliorer l'image de marque

Le mécénat est un soutien discret apporté sans contrepartie directe de la part du bénéficiaire à une œuvre ou une personne, pour l'exercice d'activités présentant un intérêt général (culturel, cause humanitaire, éducative, scientifique...). Le mécénat vise à améliorer l'image de la marque.

À travers la Fondation Cartier pour l'art contemporain, la marque de luxe Cartier affirme son activité de mécène et son engagement unique pour l'art.

Le bâtiment de la Fondation Cartier, créé par Jean Nouvel, donne la parole à de nombreux artistes

Le sponsoring, pour transmettre les valeurs de la marque

Le sponsoring est un soutien apporté par une entreprise à une manifestation ou à un individu, généralement dans des domaines de l'aventure, du sport ou de la musique, dans le but d'obtenir des retombées dans les différents médias (articles, photos, reportages...). Le sponsoring permet de développer sa notoriété et transmettre les valeurs de la marque. En dehors de la visibilité pour sa marque qui est fonction de l'exposition médiatique de l'événement, l'annonceur recherche un effet d'image en fonction des valeurs associées à l'événement ou à l'univers sportif.

La Vache qui rit sponsorise le tour de France

BNP Paribas sponsorise de grands tournois de tennis et des compétitions internationales. Désormais pour les Américains, Roland Garros c'est « The BNP French Open » !
Partenaire fidèle de la course au large, la marque Sodeb'O est présente sur les plus grands événements de la voile. Solidarité, respect, confiance, compétitivité, exigence et partage, telles sont les valeurs communes entre l'univers de la voile et Sodeb'O.

Astuce

Pour être plus visible, l'idéal est d'être le seul parrain d'un événement et lui donner son propre nom : *trophée Lancôme, Coupe Louis Vuitton.*

La communication événementielle, pour faire connaître et aimer la marque

La communication événementielle consiste à concevoir et mettre en scène un événement concernant l'entreprise ou un de ses produits, susceptible de susciter la sympathie du public. Ce média vise donc à augmenter la notoriété et l'image de la marque. La tendance récente est d'organiser des événements qui touchent un large public, ils se déroulent donc souvent dans des lieux de passage : là encore c'est du *street marketing*. L'intérêt pour la marque est dans l'impact auprès du public directement touché par l'événement, mais aussi les répercussions par le bouche-à-oreille.

Pour la sortie DVD de *Monstres contre Aliens,* une opération de *street marketing* a fait sortir les fameux monstres… dans la rue.

■ Les relations publiques, pour faire parler de la marque

L'objectif de ces actions est d'établir et maintenir de bonnes relations avec des personnes influentes : leader d'opinion, journalistes, blogueurs, prescripteurs, parlementaires, représentant d'associations… Les journalistes, susceptibles de mentionner la marque dans leurs articles ou émissions, sont une cible privilégiée : une communication gratuite, mais pas totalement contrôlable.

Les relations publiques comprennent en particulier les communiqués, dossiers et conférences de presse, l'organisation de débats, de petits-déjeuners, de congrès, la diffusion de lettres d'information, de brochures et de dossiers thématiques.

Le PDG d'Apple, Steve Jobs, a l'habitude d'organiser des conférences de presse fréquentées par des journalistes du monde entier pour présenter ses nouveaux produits, comme l'iPad en janvier 2010.

« Vous avez toujours rêvé de braquer une banque, rejoignez-nous au Banke Hotel ! » C'est l'invitation qu'ont reçue 250 journalistes, personnalités parisiennes et blogueurs influents pour le lancement de Magnum Gold, une glace enrobée de chocolat délicatement doré. Au cours de la soirée au Banke Hotel, une ancienne banque reconvertie en hôtel, les invités ont assisté à un braquage des coffres de la banque pour dévoiler un trésor… de gourmandise : les glaces Magnum Gold. Ils ont découvert en avant-première la nouvelle égérie publicitaire de la marque, l'acteur Benicio del Toro.

Vous avez toujours rêvé de braquer une banque…

Mot-clé

Le média planning consiste à choisir les médias et supports pour une diffusion du message publicitaire la plus efficace, au meilleur coût et au meilleur moment.

Sélectionner les médias ou média planning

Le choix des médias et des supports qui porteront le message est une étape essentielle de la campagne de communication.

Le média planning > mot-clé consiste à étudier et à sélectionner les différents médias, puis les différents supports, pour y réserver l'espace nécessaire à la diffusion du message publicitaire. Il comporte également la ventilation des investissements publicitaires pour chaque média, le choix des moments de diffusion ainsi que l'établissement d'un calendrier de campagne.

Le choix des médias et supports se fait à partir des objectifs de communication, pour toucher au mieux la cible, tout en valorisant le message, au meilleur coût et au bon moment. La réflexion tient compte des caractéristiques de chaque média et de leur complémentarité.

En pratique

Les agences médias comme Havas Media, Carat, Zenith Optimedia ou OMD achètent pour le compte des annonceurs les espaces publicitaires auprès des supports.

Tenir compte des contraintes

Il s'agit d'écarter dès le départ les médias non autorisés, indisponibles dans les délais ou trop coûteux.

> Les secteurs suivants sont interdits en publicité TV : les boissons alcoolisées de plus de 1,2 °, les produits du tabac, les médicaments remboursés par la Sécurité Sociale, les armes à feu, les offres et demandes d'emplois, les professions juridiques. (www.snptv.org)

En fonction des objectifs de communication

Les objectifs de communication sont déterminants pour le choix des médias : certains médias sont bien plus efficaces pour vendre un produit que pour le faire connaître !

Pour toucher au mieux la cible

Les objectifs de communication doivent définir quel pourcentage de la cible la personne doit toucher (couverture) et combien de fois en moyenne chacune de ces personnes doit être exposée au message (répétition). Le média planning consiste donc à trouver les médias qui assurent la couverture voulue avec un niveau suffisant de répétition.

> La TV et l'affichage sont des médias puissants qui peuvent toucher 90 % des gens en deux ou trois jours. La vitesse de distribution des contacts et le pouvoir de répétition sont plus forts pour la radio et l'affichage que pour la presse mensuelle ou le cinéma.

Technique

Comment optimiser le choix des médias par rapport à sa cible ?

Pour obtenir la couverture souhaitée (*par exemple 80 % des femmes de 30 à 50 ans*) le premier réflexe est d'utiliser les médias qui touchent un très large public, comme la télévision en *prime time*. Ce média est coûteux et génère une forte déperdition (*son audience contient aussi beaucoup d'hommes, ou de femmes plus jeunes ou plus âgées que la cible*). Certains annonceurs privilégient alors la logique d'affinité, qui consiste à chercher le média pour lequel il y a le moins de déperdition : *certains titres de presse féminine ont un lectorat composé presque exclusivement de femmes dans la tranche d'âge souhaitée. Mais il n'est pas sûr qu'au final on touche plus de femmes appartenant à la cible avec la presse qu'avec la télé !* L'arbitrage entre couverture et affinité est subtil et s'effectue au cas par cas, en fonction de la cible, du message à faire passer…

■ Tout en valorisant le message

Se demander pour chaque média envisagé s'il a les qualités pour valoriser le message envisagé, c'est-à-dire générer de l'impact, faciliter la compréhension et l'attention. Permet-il de montrer le produit ? Autorise-t-il la couleur, le mouvement ? Se prête-t-il à l'argumentation ?

La presse est idéale pour un produit financier complexe ou un produit technique, car ce média permet l'argumentation et la démonstration.
L'affichage en revanche est peu adapté pour un produit qui demande de longues explications.

La presse quotidienne en noir et blanc, peu qualitative, est à éviter pour les produits de luxe.

Le choix des médias : l'affichage permet ici de rendre le message très... impactant !

Au meilleur coût

Le plan média doit générer des contacts utiles (c'est-à-dire des contacts appartenant à la cible de communication) au moindre coût. L'indicateur le plus courant est le coût au mille (CPM), le coût de l'insertion presse ou du spot publicitaire ramené à mille auditeurs ou lecteurs appartenant à la cible.

Quelques exemples de coûts (offremedia.com)

Média	Support	Coût
Presse	1/4 de page noir et blanc dans *Le Monde*	25 000 €
Affichage	5 000 affiches 4 × 3 m pendant une semaine	1 800 €
Radio	30 secondes en fin de semaine à 8 h sur NRJ	10 000 €
Télévision	30 secondes en fin de semaine à 20 h 30 sur TF1	56 000 à 85 000 €
Cinéma	30 secondes dans 1 400 salles	30 000 à 93 000 €
Internet	Bannière 30 × 250 mm en page d'accueil d'un site, 13 millions de pages vues	286 000 €

> *Le Monde* touche en moyenne 1 800 000 lecteurs. Si 80 % d'entre eux appartiennent à la cible visée, le coût au mille est de 25 000 / (80% × 1 800 000) × 1 000 = 17,36 €

Au bon moment

Le calendrier publicitaire permet d'organiser dans le temps la combinaison des différents moyens publicitaires ainsi que le déroulement des campagnes.

> La période d'une campagne publicitaire tient compte de la saisonnalité des ventes, c'est pourquoi les publicités sur les jouets commencent dès novembre et celles pour les glaces au printemps.

Le média planning organise dans le temps la présence à l'esprit de la marque en tenant compte de la « dé-mémorisation » : au moment où vous allez oublier la marque, vous recevez un message publicitaire.

A vous de jouer !

1. Catherine dirige une entreprise de prêt-à-porter pour femmes de 35 à 65 ans. Lors d'un dîner elle fait la connaissance du producteur d'un programme de téléréalité, une émission où un jeune homme doit choisir sa fiancée parmi 20 jeunes filles. Il lui propose un partenariat entre la marque et l'émission. Toute excitée elle accepte sur le champ… Pourquoi lui conseilleriez-vous de réfléchir davantage ?

a. Elle n'a pas fait de réflexion stratégique globale et défini ses objectifs de communication.

b. La cible de l'émission ne correspond pas à la cible de la marque.

c. Ce type de partenariat est démodé, il vaut mieux utiliser internet.

2. Sabine ouvre un institut de beauté spécialisé dans les soins à base de cosmétiques bio. Elle prépare une annonce publicitaire qui paraîtra dans le journal local. Quelle pourrait être sa promesse ?

a. L'institut qui vous veut du bien.

b. Sabine et votre institut vous attendent à deux pas de chez vous.

c. Le savoir faire de la nature au service de votre beauté.

3. Franck est directeur marketing d'une biscuiterie bretonne dynamique. Il vient de lancer une gamme de sablés au chocolat savoureux et décide d'investir dans une campagne publicitaire. Que lui conseillez-vous pour faire la preuve du bon goût de son produit ?

a. Donner les résultats d'un test réalisé auprès de 140 consommateurs : 78 % l'ont préféré aux biscuits des concurrents.

b. Donner la parole au chef deux étoiles du secteur : coiffé de sa toque, il dit que ce gâteau est vraiment excellent.

c. Montrer le processus de fabrication et les matières premières de qualité qui sont employées : beurre, œufs, chocolat…

d. Montrer des consommateurs, petits et grands, qui se régalent avec le produit.

4. Martine gère un grand magasin. Quelques jours avant la fête des mères, elle décide de lancer une grande opération promotionnelle pour relancer la fréquentation. Quel media lui conseillez-vous ?

a. La radio.

b. La télévision.

c. La presse magazine (mensuels féminins).

d. Le cinéma.

5. Thibault est embauché pour développer les ventes d'une marque de montres haut de gamme, résistantes aux chocs, à l'humidité, au sable… Il souhaite mettre en place une opération de communication en hors-média. Quelle est la meilleure idée ?

a. Organiser une grande fête pour people dans une boîte de nuit branchée, en espérant que les magazines en parleront.

b. Faire circuler des clones des héros du film Avatar dans les rues de Paris, remettant aux gens des brochures de la marque.

c. Parrainer un festival d'art lyrique dans le Sud-Ouest.

d. Sponsoriser un raid aventure en Afrique.

Solutions

Question 1 : a et b. Avant de choisir un support de communication, il faut définir sa stratégie et sa cible.

Question 2 : c. Les réponses a et b n'expriment pas assez le positionnement, la différenciation de l'institut.

Question 3 : Toutes les réponses sont possibles ! Ce qui fera la différence, dans ce cas, sera la qualité d'exécution de la campagne. A priori toutes ces pistes sont intéressantes.

Question 4 : a. La télévision n'offre pas un ciblage géographique assez précis. La presse magazine a une fréquence de parution qui ne convient pas. Le cinéma est trop coûteux pour une opération ponctuelle de ce type. À l'inverse la radio est un média avec un ciblage local, réactif et bon marché.

Question 5 : d. Le raid aventure paraît plus en adéquation avec le positionnement de la marque.

Bonus ! Réalisez vous-même votre étude de marché

À quoi sert l'étude de marché ?

Vous créez votre entreprise ? Vous voulez vous mettre à votre compte ? Vous êtes déjà entrepreneur et vous voulez recruter, développer votre activité ? Vous êtes engagé dans une association qui a besoin de financement ou de ressources pour un projet ? Vous avez probablement besoin de réaliser une étude de marché. **Quel que soit votre projet, l'étude de marché permet de définir son potentiel et de repérer les enjeux clés liés à sa réalisation.** Elle vous donne les informations nécessaires pour définir vos objectifs et votre *business plan*. C'est un document indispensable pour convaincre ceux qui vont vous accompagner : investisseurs, banquiers, associés, collaborateurs, fournisseurs...

Que contient l'étude de marché ?

L'étude de marché comprend les informations présentées aux étapes 3, 4 et 5 de ce livre :

- **l'analyse du marché** proprement dit, en tendance et en structure ;
- **l'analyse des principaux acteurs** – consommateurs, concurrents, distributeurs, éventuellement fournisseurs.

Elle se conclut par un récapitulatif des facteurs favorables (opportunités) et défavorables (menaces) pour le projet.

L'étude de marché doit apporter des réponses aux questions suivantes :

- Quelle est la taille de ce marché ? Comment évolue-t-il ? Pourquoi ? Qu'est-ce qui pourrait changer dans l'avenir ?
- Quelles sont les bonnes raisons de s'intéresser à ce marché ?
- Quelles sont les stratégies gagnantes sur ce marché ?
- Quelles sont les difficultés à prévoir ou les pièges à éviter ?
- Le marché est-il ouvert à mon projet ? Dans quelles conditions ? Avec quels risques ?
- Quelle place mon projet peut-il envisager d'occuper sur ce marché ? Quel chiffre d'affaires prévisionnel ?

Ces questions font appel à des informations de natures différentes :

- des **données chiffrées** pour mesurer, cadrer, prévoir ;
- des **informations plus qualitatives** pour décrire, comprendre, comparer.

Voici des exemples d'informations pour votre étude :

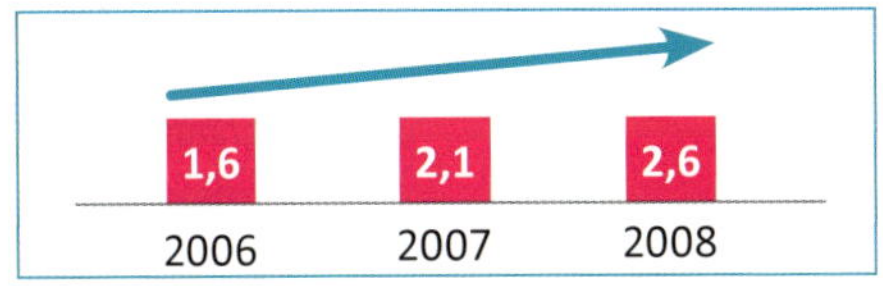

➜ 85 % des ménages ont acheté au moins une fois un produit Bio en 2009
➜ En moyenne, 11 achats par an
➜ 54 € de dépense annuelle

(TNS Worldpanel, PGC + fruits + légumes)

CA alimentaire Bio (Mds E)

Les Égo-Bio
• Les plus impliqués
Pour la santé, pour soi
• Gros acheteurs
GSA, magasins spécialisés

Les Bio-activistes
• Agissent pour la planète et pour les autres
• Limitent leur consommation, évitent les GSA

Les Bio-nostalgiques
• Refaire les choses bien, avec bon sens
• Achètent eux-même au marché, font eux-même

Les Bio « en devenir »
• Oui, pourquoi pas, mais trop de contraintes
• Achètent des marques en GSA

Quatre grands types d'attitude chez les Bio-consommateurs

Le champ géographique de l'étude de marché est celui du projet : pour l'ouverture d'une boutique, on s'intéresse à la zone de chalandise (ville, quartier…) ; pour le lancement d'un site de e-commerce, on peut raisonner au niveau du pays ou encore plus largement…

Comment trouver les informations ?

L'étude de marché est un travail de compilation d'informations d'origines variées, présentées de manière à s'adapter à votre projet.

Faites le tour de toutes les sources disponibles : l'approche documentaire

Quel que soit le sujet sur lequel vous enquêtez, internet constitue une mine inépuisable d'informations. Le plus difficile est de sélectionner celles qui sont vraiment pertinentes !

Il existe deux types de ressources documentaires :

Les informations transmises directement par l'organisme ou l'entreprise qui les a produites ou commandées

Certaines études ont vocation à être rendues publiques ; c'est notamment le cas de celles qui sont commandées par des **organismes publics**, des **associations professionnelles**, des **fédérations**... Par exemple, l'Institut Français de la Mode publie des études et des notes de conjoncture sur les sujets relatifs à la mode, au textile, à l'habillement... Certaines de ces informations sont payantes, d'autres non.

Les **instituts d'étude**, qui réalisent les enquêtes pour le compte des entreprises, publient certains résultats sur leurs sites : ainsi, Ipsos réalise chaque année un baromètre API de la photo numérique, dont les résultats très complets sont disponibles sur le site.

Vous pouvez aussi consulter TNS Sofres, Médiamétrie, GfK, Nielsen...

L'**Insee**, en charge des statistiques et des études économiques en France, communique de nombreuses informations générales (démographie, économie, entreprises...) ou spécifiques à certains marchés. Certaines données sont disponibles avec un découpage géographique fin, ce qui est utile pour une étude de marché à l'échelle d'une ville ou d'une région.

Les informations citées par des médias

Ces informations sont moins précises et moins complètes car un journaliste sélectionne un chiffre ou une information dans un contexte donné. Un article de fond peut toutefois donner un bon aperçu d'un marché, d'une tendance de consommation, d'une marque...

Les **journaux et magazines dédiés au monde de l'entreprise** (*Les Échos*, *Challenge*, *L'Expansion*, *LSA*...) ont tous leurs archives accessibles en ligne, sur leur propre site ou sur des bases de données de presse (Factiva...). Ces informations peuvent être payantes mais restent abordables.

Il existe aussi des instituts qui rédigent des études sectorielles en compilant les informations disponibles sur un marché, comme l'**institut Xerfi** qui en publie plusieurs centaines par an, par exemple sur le marché de la restauration en France. Ces études sont générales mais assez complètes et peuvent constituer un point de départ intéressant. Le bémol : leur prix (quelques centaines d'euros par dossier).

Menez votre propre enquête

Pour compléter l'approche documentaire, il est utile de faire vos propres investigations :

– **Relevez l'offre, les prix, étudiez la concurrence :** en visitant les magasins, les sites internet, les salons professionnels... Pensez à prendre des photos (quand c'est possible) et à faire des relevés précis et datés.

– **Recueillez des avis éclairés :** interroger des personnes dont l'avis « compte » permet de crédibiliser une étude de marché ; par exemple, des prescripteurs, des distributeurs, des gros consommateurs, des scientifiques, des juristes... Ils accepteront volontiers de répondre à quelques questions préparées à l'avance.
– **Réalisez un petit sondage :** rien ne vaut des données chiffrées pour démontrer l'intérêt des clients potentiels pour votre idée... Les études de marché quantitatives sont en principe du ressort de professionnels mais n'hésitez pas à construire un petit questionnaire et à l'utiliser autour de vous. Des sites internet comme *www.surveymonkey.com* ou *www.creatests.com* peuvent vous apporter des solutions pour mettre en ligne une enquête, collecter et analyser les réponses, gratuitement ou à moindres frais.

Faites appel au sur-mesure

Investissez du temps sur l'approche documentaire et sur votre propre enquête terrain car cette démarche d'étude de marché vous permet de poser les bases de la veille marketing dont vous aurez besoin tout au long de votre projet. Si toutefois les informations que vous collectez par vous-même semblent trop légères pour démontrer l'intérêt de votre idée, adressez-vous à des professionnels qui définiront la meilleure approche et le budget correspondant : instituts d'études renommés (Ipsos, TNS Sofrès...), petits cabinets ou consultants indépendants. Le choix dépend du type d'accompagnement dont vous avez besoin et de l'intérêt d'avoir ou non une signature prestigieuse qui rassurera vos investisseurs. Les structures d'aide à la création d'entreprise de votre région peuvent vous orienter vers des professionnels expérimentés.
Une astuce : pensez aux Junior Entreprises des écoles de commerce. À condition d'investir un peu de temps dans le suivi de l'étude, leurs prestations sont généralement de qualité pour un prix inférieur à celui des entreprises spécialisées.

Les 4 clés pour réussir votre étude de marché

- Construire l'étude à partir d'éléments chiffrés.
- Sélectionner des sources fiables et les mentionner.
- Solliciter des avis d'experts qui crédibilisent la démarche.
- Présenter des conclusions.

Et maintenant... à vous de jouer !

Index

Bibliographie

Partie 1

Découvrir le marketing

- Chibout M., *Le marketing expliqué à ma mère*, Éditions d'Organisation, 2007.
- Lendrevie J., Levy J. et Lindon D., *Mercator*, 9e édition, Dunod, 2009.
- Maillet T., *Le marketing et son histoire*, Pocket, 2010.
- Van Laethem N., Lebon Y. et Durand-Megret B., *La Boîte à outils du Responsable Marketing*, Dunod, 2007.
- www.adetem.org, association nationale des professionnels du marketing.

Partie 2

Analyser : le diagnostic marketing

- Chastellier R., *Tendançologie,* Éditions d'Organisation, 2008.
- Darpy D. et Volle P., *Comportements du consommateur,* 2e édition, Dunod, 2007.
- Giannelloni J.-L., Filser M. et Vernette E., *Études marketing appliquées,* Dunod, 2008.
- Gueguen N., *Psychologie du consommateur*, Dunod, 2008.
- Vinay E. et APCE, *Réaliser votre étude de marché*, Éditions d'Organisation, 2010.
- www.credoc.fr, Centre de Recherche pour l'Étude et l'Observation des Conditions de Vie.
- www.insee.fr, Institut national de la statistique et des études économiques.
- www.ipsos.fr, sondages, enquêtes, portail d'information.
- www.tns-sofres.com, études marketing et d'opinion.

Partie 3

Décider : le marketing stratégique

- Kapferer J.-N., Les marques, capital de l'entreprise, 4e édition, Éditions d'Organisation, 2007.
- Prljevic M., *La stratégie de positionnement comme clé du succès*, L'Harmattan, 2007.
- Sicard M.-C., *Les ressorts cachés du désir*, Pearson Education, 2005.

Partie 4

Agir : le marketing opérationnel

- Benoit-cervantes G., *La Boîte à outils de l'Innovation*, Dunod, 2008.
- Ducrocq C., *La Nouvelle Distribution*, 2e édition, Dunod, 2006.
- Gany D., *Nouveaux médias : mode d'emploi*, Edipro, 2009.
- Lendrevie J. et De Baynast A., *Publicitor,* 7e édition, Dunod, 2008.
- Mouton D. et Paris G., *Pratique du merchandising*, 2e édition, Dunod, 2007.
- Underhill P., *La science du shopping*, 2e édition, Pearson Education, 2007.
- www.cbnews.fr, portail de la communication et des médias qui présente l'actualité de la création publicitaire.
- www.distripedie.com, l'encyclopédie de la distribution et du commerce.
- www.irep.asso.fr, institut de recherche et d'études publicitaires.
- www.stratégie.fr, marketing, communication, médias et marques.
- www.xtc.fr, base de données mondiale dans le domaine des produits innovants.

Un grand merci…

À nos familles et amis pour leurs encouragements.
À Sawsen Clément, Françoise Collard et Delphine Gourgues de Reims Management School ; Frédéric Vendeuvre et Nicolas Caron de Halifax Consulting ; et Anne Saint-Sauveur pour leur collaboration précieuse.
À nos experts : Nicole Derrien, Olivier Hausheer, Andreas Kaplan, Rémy Oudghiri, Isabelle Sarrazin.
Aux étudiants de l'ESCP Europe, de Reims Management School, du Management Institute of Paris, de l'UTC et de l'ESC Compiègne, ainsi qu'aux participants des formations Halifax Consulting pour nos échanges constructifs avec eux.
Aux entreprises qui ont partagé avec nous leur expérience et nous ont aimablement accordé l'autorisation de reproduction de photos : 3M, Action contre la Faim, adidas Group, Amazon, Apple, Aubade Paris, Beiersdorf France, Groupe Bel, Bic, Groupe Bongrain, Brasserie Pietra, Groupe Casino, Clairefontaine, Rhodia, Club Med, Comité Départemental du Tourisme de la Marne, Crédit Agricole, Dyson, Eastpack, Ecover, Fauchon, Fleury Michon, Fnac Éveil & Jeux, Fondation Abbé Pierre, Fondation Cartier, Ford France, Geox, Henkel, Huttopia, Institut National du Cancer, jesuisunique.fr, Kellogg's, Lactalis, lamaingauche.com, Max Havelaar, Michel & Augustin, Michelin, Natura Brasil, SNC Neptune Distribution, L'Occitane, Parfums Caron, Groupe Pernod Ricard, Playtex, Publicis, Quiès, Roquefort Société, Société Protectrice des Animaux, Tudo Bom, Unilever France, Value Retail, Vinovalie, Wrigley France.

Crédits photographiques

Pages 6-7 : © Sandra Cunningham – Fotolia.com
Pages 8-9 : © free photo – Fotolia.com
Page 14 : © Iko – Fotolia.com
Page 16 : © Ford
Page 17 : *ht* : © Unilever
Page 17 : *bas* : © Nivea – Beiersdorf France
Page 19 : © Amazon France
Page 21 : © jeromeberquez – Fotolia.com
Page 23 : © Comité Départemental du Tourisme de La Marne
Pages 28-29 : © jeffgynane – Fotolia.com
Page 32 : © Yuri Arcurs – Fotolia.com
Page 33 : © Photosani – Fotolia.com
Page 35 : © Anne-Laure Frossard
Pages 40-41 : © Mikhail Tolstoy – Fotolia.com
Page 42-43 : © Pali A – Fotolia.com
Page 46 : *ht* : © Lim Jerry – Fotolia.com
Page 46 : *ht* dte : © GergelyBényi – Fotolia.com
Page 46 : *bas* dte : © wil24 – Fotolia.com
Page 46 : *bas* : © Unclesam – Fotolia.com
Page 46 : g : © kadroff – Fotolia.com
Page 48 : © thierry planche – Fotolia.com
Page 50 : © Michael Pettigrew – Fotalia.com
Page 51 : *bas* g : © MarzannaSyncerz – Fotolia.com
Page 51 : *ht* g : © Karl Bolf – Fotolia.com
Page 51 : *ht* dte : © seen – Fotolia.com
Page 51 : *bas* dte : © Frog 974 – Fotolia.com
Page 55 : *ht* : © Max Havelaar
Page 55 : *bas* : © Fleury Michon
Pages 58-59 : © Alain Vermeulen – Fotolia.com
Page 61 : © sebasțien montier – Fotolia.com
Page 62 : © auremar – Fotolia.com
Page 64 : © Cyril Comtat – Fotolia.com
Page 68 : © Esther Ruzé – Fotolia.com
Page 73 : © moodboard – Fotolia.com
Page 74 : © dlrz4114 – Fotolia.com
Page 75 : © Mirabelle Pictures – Fotolia.com
Page 79 : © Spargel – Fotolia.com
Page 81 : © Groupe Casino
Pages 84-85 : © Alexey Klementiev – Fotolia.com
Page 87 : © sculpies – Fotolia.com
Page 88 : © Jean-Marie Maillet – Fotolia.com
Page 95 : © Adidas
Page 96 : © Adidas
Page 98 : © Adidas – Stella McCartney
Page 99 : © Adidas – Stella McCartney
Pages 102-103 : © JMPhoto – Fotolia.com
Pages 104-105 : © Pascale Guceski
Page 108 : © Fauchon
Page 109 : © Nivea – Beiersdorf France
Page 112 : © Andres Rodriguez – Fotolia.com
Page 113 : © Babybel – Groupe Bel
Pages 116-117 : © Albert Schleich – Fotolia.com
Page 119 : © chanelle – Fotolia.com
Page 120 : © Christophe Schmid – Fotolia.com
Page 121 : © detailblick – Fotolia.com
Page 122 : © Parfums Caron
Page 123 : © moodboard – Fotolia.com
Page 126 : © Corsica Cola
Pages 130-131 : © Tifonimages – Fotolia.com
Page 133 : © Perrush – Fotolia.com
Page 134 : *ht* dte : © Ecover
Page 134 : *bas* g : © Chateldon
Page 135 : © Salakis – Roquefort Société
Page 136 : *ht* : © Bridélice – Lactalis
Page 136 : *bas* : © Bride*light* – Lactalis
Page 138 : © Kiri – Groupe Bel
Page 139 : *ht* dte : © P'tit Louis – Bongrain
Page 139 : centre dte : © Samos – Groupe Bel
Page 139 : *bas* dte : © La Vache qui rit – Groupe Bel
Page 139 : *bas* g : © Kiri – Groupe Bel
Page 141 : © Geox
Page 142 : *ht* : © Mir – Henkel France
Page 142 : centre : © Rosé piscine – Vignerons de Vinovalie
Page 142 : *bas* : © La main gauche
Page 143 : *ht* : © Syrtos – Groupe Bel
Page 143 : *bas* : © Clairefontaine
Page 144 : © Eastpak
Page 145 : © Wonderbra – Playtex
Page 146 : © Président – Lactalis
Page 147 : © Bridelight – Lactalis
Page 147 : © Bridélice – Lactalis
Page 148 : © Michelin
Page 150 : © flash frais – Quiès
Pages 152-153 : © 18percentgrey – Fotolia.com
Pages 154-155 : © Vladimir Mucibabic – Fotolia.com
Page 160 : © R. Etienne/Item – Huttopia
Page 161 : © Chlorophylle – Fotolia.com
Page 163 : © Michel et Augustin
Page 163 : © La Motte Président – Lactalis
Page 164 : © Kellogg's Miel Pops
Page 165 : © Vuk Vukmirovic – Fotolia.com
Page 167 : *ht* g : © Bridélice – Lactalis
Page 167 : *ht* dte : © Freedent box – Wrigley France
Page 167 : *bas* g : © Mikko Pitkänen – Fotolia.com
Page 167 : *bas* dte : © Anne-Laure Frossard
Page 168 : © XTC World Innovation
Pages 176-177 : © Anne-Laure Frossard
Page 179 : © Elenathewise – Fotolia.com
Page 181 : © Nimbus – Fotolia.com
Page 183 : © Julien *Bas*tide – Fotolia.com
Page 188 : © Bic
Page 183 : © Dyson
Pages 192-193 : © Monkey Business – Fotolia.com
Page 199 : © Blend Images – Fotolia.com
Page 200 : © R. Romenville/L'Occitane
Page 201 : © Tudo Bom
Page 203 : © Natura
Page 207 : © Vallée Village
Page 208 : © Anne-Laure Frossard
Page 210 : © Bernard BAILLY – Fotolia.com
Page 214-215 : © James Steidl – Fotolia.com
Page 218 : © Crédit Agricole
Page 222 : © Aubade
Page 223 : *ht* : © SPA
Page 223 : *bas* : © ACF-2009
Page 224 : *ht* : © Institut National du Cancer
Page 224 : *bas* : © Fruit d'Or – Unilever
Page 227 : *ht* : © Signal – Unilever
Page 227 : *bas* : © Absolut – Groupe Pernod Ricard
Page 228 : © SPA
Page 229 : © Kellogg's Miel Pops
Page 230 : © Club Med
Page 233 : © Post-it/3M
Page 234 : © Ronan Mérot/BDDP Unlimited – Fondation Abbé Pierre
Page 236 : *ht* : © Post-it/3M
Page 236 : *bas* : © Florence Akouka, Fleur de sucre
Page 237 : © Fnac Eveil et Jeux
Page 238 : © La Vache qui rit – Groupe Bel
Page 239 : *ht* : © Kiri – Groupe Bel
Page 239 : *bas* : © Ambroise Tézenas – Fondation Cartier
Page 240 : © La Vache qui rit – Groupe Bel
Page 241 : © Magnum
Page 244 : © Wonderbra – Playtex

Conception et réalisation : Ici & ailleurs.
Couverture : Maogani

54115 - (I) - (4,3) - (CM) - ICI - JME
Dépôt légal : octobre 2010
Imprimé en France par I.M.E. - 25110 Baume-les-Dames